NOUVELLE BIBLIOTHÈQUE DRAMATIQUE

ÉDITION DU THÉATRE LYRIQUE

DON JUAN

OPÉRA

EN DEUX ACTES ET TREIZE TABLEAUX

MUSIQUE DE MOZART

(T. G. C.)

Deuxième Édition

Prix : 1 fr. 50 cent.

PARIS

LIBRAIRIE INTERNATIONALE

15, BOULEVARD MONTMARTRE

A. LACROIX, VERBOECKHOVEN & Cᵉ, ÉDITEURS

à Bruxelles, à Leipzig et à Livourne

1866

NOUVELLE BIBLIOTHÈQUE DRAMATIQUE

ÉDITION DU THÉATRE LYRIQUE

DON JUAN

OPÉRA

EN DEUX ACTES ET TREIZE TABLEAUX

MUSIQUE DE MOZART

(T. G. C.)

Deuxième Édition

PARIS

LIBRAIRIE INTERNATIONALE

15, BOULEVARD MONTMARTRE

A. LACROIX, VERBOECKHOVEN & Cᵉ, ÉDITEURS

à Bruxelles, à Leipzig et à Livourne

1866

PERSONNAGES

DON JUAN.	M. Barré.
DON OTTAVIO.	M. Michot.
LEPORELLO.	M. Troy.
LE COMMANDEUR.	M. Depassio.
MASETTO.	M. Lutz.
UN PAYSAN.	M. ***.
DONN' ANNA.	Mme Charton-Demeur
DONN' ELVIRE.	Mlle Nilsson.
ZERLINE.	Mme Carvalho.

Nobles, paysans, domestiques, pages, musiciens.

Dames, paysannes.

L'action se passe à Burgos.

PARIS. — IMPRIMERIE POUPART-DAVYL ET COMP., 30, RUE DU BAC.

DON JUAN

ACTE I

Premier tableau.

Une place à Burgos. A droite, l'hôtel du Commandeur. Il fait nuit.

SCÈNE I

Introduction.

LEPORELLO, se promenant de long en large enveloppé dans son manteau.

Sans profit et sans plaisir,
Nuit et jour, aller, courir,
S'enrhumer tout à loisir,
Manger mal et mal dormir...
   Je veux être
   Enfin mon maître,
Et je ne veux plus servir.
Tandis qu'ici moi je gèle
Et que je fais sentinelle,
Monsieur cajole sa belle!
C'en est trop, je me rebelle.
Non, je ne veux plus servir.

        Bruit de pas et de voix.

Mais on vient, faisons silence.
Dérobons notre présence,
Gardons-nous de nous trahir.

(Il se cache.)

(Don Juan sort précipitamment de la maison du Commandeur.)

SCÈNE II

DON JUAN, DONN' ANNA, LEPORELLO

Trio.

DONN' ANNA.

Il faudra m'ôter la vie
Ou mes pas suivront tes pas.

DON JUAN.

Cris perdus, vaine folie!
Tu ne me connaîtras pas.

LEPORELLO, à part.

Quel scandale! Comme elle crie!
Nous voilà dans l'embarras.

DON JUAN.

Cris perdus! vaine folie!
A quoi bon suivre mes pas?

DONN' ANNA.

Au secours! à moi! mon père!

DON JUAN.

Ah! je te ferai bien taire.

DONN' ANNA.

Traître! A l'aide!

DON JUAN, avec menace.

C'est la guerre!

DONN' ANNA.

Larron d'honneur!

DON JUAN.

Crains ma fureur.

DONN' ANNA.

Traître ! à l'aide !

DON JUAN.

Misérable!

DONN' ANNA.

Comme une ombre impitoyable,
Je m'attache à ton côté.

DON JUAN.

Cette femme impitoyable,
Va me perdre, en vérité.

LEPORELLO.

Ce malandrin est capable,
De nous perdre, en vérité!
    La furie !
    Comme elle crie !
Je suis mort en vérité!

(Paraît le Commandeur. Il tient une épée.)

SCÈNE III

DONN' ANNA, LE COMMANDEUR, DON JUAN, LEPORELLO.

LE COMMANDEUR à don Juan.

Je suis son père.
En garde! Battons-nous.

DON JUAN.

Pauvre adversaire!
Indigne de mes coups!

(Il fait un mouvement pour se retirer.)

LE COMMANDEUR, lui barrant le passage.

Le lâche espère
Qu'il pourra fuir!

DON JUAN, mettant la main à son épée.

Ah! ma colère...

Se réprimant encore.

Non.

LEPORELLO, à part.

Dieu tutélaire!
Par où sortir?

DON JUAN, au Commandeur.

Insensé!

LE COMMANDEUR.

Tu veux fuir!

DON JUAN.

Insensé! Tremble donc! Tu vas, — tu vas mourir!

(Donn' Anna sort pour chercher du secours. Après une courte
lutte, le Commandeur tombe mortellement frappé

Ensemble.

LE COMMANDEUR.

Ah! j'expire!... je succombe...
De ma main le glaive tombe...
Et je vois s'ouvrir ma tombe...
Dieu puissant! sois mon vengeur.

DON JUAN.

Ah! le malheureux succombe!
De sa main le glaive tombe...
Et déjà s'ouvre la tombe
Où le plonge ma fureur.

LEPORELLO.

Ah! quel crime! Il succombe.
De sa main le glaive tombe,
Et déjà s'ouvre sa tombe...
Je me sens glacé d'horreur.

Fin de l'Introduction.

DON JUAN, après avoir remis son épée au fourreau.

Leporell'! Es-tu là?

LEPORELLO.

Je n'y voudrais pas être.
    Et vous?

DON JUAN.

Me voilà!

LEPORELLO.

Qui donc est mort, mon maître?

DON JUAN.

La bonne question! Le vieux.

LEPORELLO.

Bravo! Deux exploits merveilleux!
Forcer la fille, assassiner le père.

DON JUAN.

Il l'a voulu, que puis-je y faire?

LEPORELLO.

Mais donn' Anna, que voulait-elle?

DON JUAN.

Paix.

Songe à te taire.
Partons, et crains aussi d'exciter ma colère.

LEPORELLO.

J'obéis, monseigneur, je vous suis et me tais.

(Ils sortent. Entre donn' Anna suivie de domestiques portant
des torches.)

SCÈNE IV

DONN' ANNA, domestiques, puis DON OTTAVIO suivi de
quelques amis.

Scène et duo.

DONN' ANNA, apercevant le corps du Commandeur.

Ah! que vois-je! ô douleur!
Quel spectacle funeste et quelle nuit horrible!

Se précipitant vers le corps.

Mon père, hélas, froid! insensible!

(Entre don Ottavio avec ses amis.)

DON OTTAVIO, se penchant vers le corps.

Seigneur...

DONN' ANNA, agenouillée.

Assassiné! Malheur! malheur!
Ce sang qui ruisselle...
Ce front pâle et couvert d'une empreinte mortelle!
Il ne respire plus!...
Soins superflus!...
Ah! que faire?
Pauvre père!
Coulez, mes pleurs...
J'expire... je meurs.

(Elle s'évanouit.)

DON OTTAVIO.

Sa paupière est fermée!...
Ma bien-aimée!...
Ah! sauvons-la...
Vite! apportez du secours... Cette vue
Hélas! me tue!
Donn' Anna!
Réponds, amie...
Son désespoir va lui coûter la vie.

DONN' ANNA, revenant à elle.

Ah!

DON OTTAVIO.

Voix chérie!
Elle reprend ses esprits.

DONN' ANNA.

Mon père!

DON OTTAVIO.

Éloignez, amis,
Éloignez de ses yeux cette effrayante image.

On emporte le corps.

1.

A donn' Anna.

O mon trésor! console-toi. Courage!

DONN' ANNA, ne reconnaissant pas don Ottavio et le repoussant.

Ah! loin d'ici, cruel! Je veux mourir aussi...
Mon père, hélas! n'est plus! La mort me l'a ravi!...

DON OTTAVIO.

Anna! mon cœur! ma vie!
Lève les yeux sur moi.
C'est ma voix qui te prie...
Reviens, reviens à toi!

DONN' ANNA.

C'est toi! Mon bien!... Pardonne...
La force, hélas! m'abandonne...
Mon père n'est plus là.

DON OTTAVIO.

Ton père!
Laisse un moment ta souvenance amère...

Se désignant lui-même

Ton père, à présent, le voilà!

DONN' ANNA.

Ah ! mon père !
Il n'est plus, ô douleur!

DON OTTAVIO.

Laisse un moment ta souvenance amère...
Oui, d'un époux, d'un père,
Pour toi j'aurai le cœur.

DONN'ANNA, étendant la main.

Jure, si ton cœur m'aime,
De le venger un jour.

DON OTTAVIO

Je jure par toi-même,
Je jure par notre amour...

Ensemble.

DONN'ANNA et DON OTTAVIO.

Serment irrévocable,
Vengeance inévitable,
Éternelle douleur,
Vous assiégez mon cœur.

DONN'ANNA.

Ce moment est suprême!
Jure!

DON OTTAVIO.

Je jure par toi-même,
Par notre chaste ardeur!

Ensemble.

DONN'ANNA et DON OTTAVIO.

Serment irrévocable,
Vengeance inévitable,
Éternelle douleur,
Vous déchirez mon cœur.

(Ils sortent.)

Deuxième tableau.

Sur le devant, une promenade ombragée de grands arbres; au fond, le parc et le château de don Juan.

SCÈNE V

DON JUAN, LEPORELLO.

Don Juan entre à grands pas, suivi de Leporello trottinant.

LEPORELLO.

Je vous dirai franchement, monsieur, que je suis tant soit peu scandalisé de la vie que vous menez.

DON JUAN.

Comment? Quelle vie est-ce que je mène?

LEPORELLO.

Fort bonne ; mais, par exemple, de vous voir tous les mois vous marier comme vous faites...

DON JUAN.

Y a-t-il rien de plus agréable?

LEPORELLO.

Il est vrai, je conçois que cela est fort agréable et fort divertissant, et je m'en accommoderais assez, moi, s'il n'y avait point de mal; mais, monsieur, se jouer ainsi d'un mystère sacré, et...

DON JUAN.

Va, va, c'est une affaire que je saurai bien démêler sans que tu t'en mettes en peine.

LEPORELLO.

Ma foi! monsieur, j'ai toujours ouï dire que c'est une méchante raillerie que de se railler du Ciel; que les libertins ne font jamais une bonne fin, et que...

DON JUAN.

Paix!

LEPORELLO, changeant de ton.

De quoi est-il question?

DON JUAN.

Il est question de te dire qu'une beauté me tient au cœur, et que je suis certain qu'elle m'aime. Je l'ai vue, je lui ai parlé. Sa demeure avoisine justement l'hôtel du Commandeur.

LEPORELLO.

Que dites-vous?

DON JUAN.

Et elle me recevra cette nuit même chez elle.

LEPORELLO.

Et vous ne craignez pas de vous approcher sitôt d'une maison que vous avez remplie de deuil, et qui, peut-être encore, est tendue de noir?

DON JUAN.

Que veux-tu que j'y fasse? Ce n'est pas moi qui ai choisi le lieu du rendez-vous. Et, d'ailleurs, il y aura dans ce contraste quelque chose de piquant qui ne me déplaira pas.

LEPORELLO.

Ah! quel homme! quel homme!

DON JUAN.

Chut!... Il y a dans l'air comme le parfum d'une femme.

LEPORELLO.

Peste! quel odorat!

DON JUAN, remontant la scène.

Tiens, regarde...

LEPORELLO, s'extasiant.

Oh!

DON JUAN.

Retirons-nous de ce côté et tâchons de savoir...

LEPORELLO.

Il a déjà pris feu.

(Ils se retirent à l'écart. Entre donn' Elvire voilée.

SCÈNE VI

DONN' ELVIRE, DON JUAN, LEPORELLO.

Scène et air.

DONN' ELVIRE.

Où donc est-il, l'infâme
Qui s'est joué de moi?
Il a brisé mon âme,
Il m'a repris sa foi.
Ah! puisqu'il m'a trahie,
Je veux, d'un fer vengeur,
Je veux finir sa vie
Et lui percer le cœur.

DON JUAN, bas à Leporello

Entends-tu? Quelque belle un peu trop tôt trahie.
Je me sens l'âme attendrie.

DONN'ELVIRE.

Je veux finir sa vie
Et lui percer le cœur.

DON JUAN, à Leporello.

Allons! il faut chercher à consoler sa peine.

LEPORELLO, à part.

Il en console au moins soixante par semaine.

DONN'ELVIRE.

Je veux, d'un fer vengeur,
Je veux finir sa vie
Et lui percer le cœur.

DON JUAN, se montrant et appelant.

Ma princesse!
Ma déesse!

DONN'ELVIRE, tournant la tête

Don Juan!

DON JUAN, reculant.

Ma femme!

LEPORELLO.

Donn'Elvire!

DON JUAN, à part.

Peste soit de la rencontre!

LEPORELLO.

La belle affaire!

DONN'ELVIRE, à don Juan

Te voilà traître, menteur, fourbe!

LEPORELLO.

Son nom et ses prénoms... C'est son acte de baptême tout du long.

DON JUAN.

Voyons, chère Elvire, soyez plus raisonnable (Elvire se détourne.) Si vous ne m'en croyez pas, croyez-en du moins cet honnête homme.

(Il montre Leporello.)

LEPORELLO, abasourdi.

Comment?...

DON JUAN.

Oui, tu peux lui dire...

LEPOPELLO, bas.

Eh! que diable voulez-vous que je lui dise?

DON JUAN, haut.

Dis-lui tout.

LEPORELLO.

Tout?

DON JUAN.

Oui, tout.

(Il remonte a scène.)

LEPORELLO bas, en le suivant

Mais, monsieur...

DON JUAN, bas.

Drôle!...

LEPORELLO, bas.

Je ne sais.

DON JUAN, bas.

Imbécile! dis-lui ce que tu voudras.

LEPORELLO.

Ah!

(Il revient vers donn' Elvire.)

DONN' ELVIRE.

Eh bien! Leporello... apprendrai-je enfin?...

LEPORELLO, interrogeant du coin de l'œil son maître qui se retire à reculons.

Madame!... puisque... je n'hésite pas... Les Grecs... (don Juan fait un signe négatif.) Non, non... Les Romains... (Nouveau signe négatif de don Juan.) Non, non... (Tâtonnant.) Les passions... (Signe affirmatif de don Juan qui s'esquive en riant.) Les passions... Oh! les passions!... Tel que vous me voyez, je suis une de leurs victimes... Ah! comme elle m'aimait, la malheureuse! Si pourtant je... car enfin il... à moins que nous... et cependant vous... (S'embrouillant tout à fait.) Ah!... ouf!

DONN' ELVIRE, se tournant vers l'endroit où se tenait don Juan.

Que veut-il dire? Ciel! il s'est enfui! De quel côté?

LEPORELLO.

Eh! laissez-le aller... Il ne mérite pas que vous pensiez à lui.

DONN' ELVIRE.

Comme il m'a trompée!

LEPORELLO.

Faites comme les autres... consolez-vous. (Tirant de sa poche une longue liste qu'il laisse traîner par terre.) Voyez cette liste. Elle est couverte des noms de ses maîtresses. Il n'est pas de ville, pas de bourg, pas de village, pas de hameau, qui n'ait été le théâtre d'un de ses galants exploits.

Air.

Oui, madame, cette liste est fidèle,
  Et j'inscris chaque belle
    Nouvelle
  Que mon maître ensorcelle.
  Regardez avec moi :
  Cette liste est digne de foi.
L'Italie en fournit six cent trente;
L'Allemagne en fournit cent soixante;
La Turquie et la France, quarante;
Mais en Espagne, en Espagne... j'en vois
    Mille et trois.

  Il enrôle, pour maîtresses,
Des servantes, des comtesses,
Des bourgeoises, des duchesses,
Des marquises, des princesses,
Des femmes de mille espèces,
De tout âge et de tout rang.
Oui, de toutes il s'éprend.
Si la blonde est plus aimante,
La brunette est plus constante;.
    Et si l'œil noir,
      Ce soir,
      Le tente,
Demain c'est l'œil bleu qu'il vante.

  Pour l'hiver, la grassouillette;
Pour l'été, la maigrelette.
Si la grande est imposante,
La petite est plus fringante.
Des vieilles, — le ciel l'assiste! —
Sont là pour grossir sa liste.
Sa passion dominante
C'est la jeune débutante.
Belle ou non, friponne ou dupe,
    C'est bien là, vraiment,
    Ce qui l'occupe.

Pourvu que l'on porte jupe...
Vous savez comme il s'y prend.

(Il se sauve en riant.)

SCÈNE VII

DONN' ELVIRE; puis MASETTO, ZERLINE, PAYSANS, PAYSANNES en habits de noces.

DONN' ELVIRE, seule.

Et voilà l'homme dont j'étais fière! Hélas! je l'aime encore! (Entrent des paysans et des paysannes.) Mais que veulent ces jeunes garçons et ces jeunes filles? (Secouant la tête tristement.) Ah!... c'est une noce.

(Elle sort d'un côté, tandis que Masetto et Zerline entrent de l'autre.)

Duo et chœur.

ZERLINE et MASETTO.

Jeunes filles qui faites
  L'amour,
Hâtez-vous, bachelettes,
Hâtez-vous, car l'amour
  N'a qu'un jour.
Lorsque le sein s'agite
Et que le cœur bat vite,
Le remède, il est là...
  Le voilà!

(Elle danse avec Masetto.)

Quel plaisir ce sera!
La, la, la, lera.

CHŒUR.

Quel plaisir ce sera!
La, la, la, lera.

(On danse.)

MASETTO.

Jeunes gens, à l'ardeur passagère,
    A la tête légère,
Croyez-moi, n'allez plus çà et là,
  Courant par ci, courant par là.
      Pour les fous,
      Entre nous,
  Le jour vient où s'achève
       Le rêve ;
  Mais, pour moi, ce temps-là
Sans avoir commencé finira.
  La, la, la, la, la, la.
  Quel plaisir ce sera !
  La, la, la, lera.

(Il danse avec Zerline.)

Ensemble.

MASETTO et ZERLINE.

Viens donner le signal de la danse ;
La musette déjà nous devance ;
Sur nos pas, chaque fille s'élance.
  Quel plaisir ce sera !

LE CHŒUR.

La, la, la, lera.

(Danses.)
(Entrent don Juan et Leporello.)

SCÈNE VIII

DON JUAN, LEPORELLO, LES MÊMES.

DON JUAN qui a guetté le départ d'Elvire.

Enfin, elle est partie ! Leporello, regarde. La belle
jeunesse ! les jolies filles !

LEPORELLO.

Ma foi ! dans le nombre, j'espère bien en trouver une pour moi.

DON JUAN, s'avançant.

Bonjour, mes amis. Poursuivez, amusez-vous, dansez... Dites-moi, est-ce une noce ?

ZERLINE, faisant la révérence.

Oui, monseigneur. C'est moi qui suis l'épousée.

DON JUAN.

Elle est charmante... Et l'époux ? où est l'époux ?

MASETTO.

C'est moi, monsieur, pour vous servir.

DON JUAN.

Pour me servir ! Bravo ! voilà parler en galant homme !

LEPORELLO.

En mari.

ZERLINE.

Oh ! Masetto a un cœur excellent.

DON JUAN.

Et moi aussi, ma belle enfant, et je veux que nous soyons bons amis. Votre nom ?

ZERLINE.

Zerline.

DON JUAN à Masetto.

Et le tien ?

MASETTO.

Masetto.

DON JUAN.

Mon cher Masetto, ma chère Zerline, je vous offre ma protection. (On entend un cri de jeune fille.) Leporello ! Que fais-tu là, drôle ?

(Il s'approche de lui et lui saisit l'oreille.)

LEPORELLO.

J'offrais aussi ma protection.

DON JUAN, bas.

Vite, emmène-les. (Haut.) Conduis ces braves gens dans mon château. Fais-leur servir du chocolat, du café, du vin, des gâteaux. Aie soin de les bien divertir ; montre-leur les jardins, la galerie, les chambres. Je te recommande surtout mon cher Masetto. Tu as compris ?

LEPORELLO.

J'ai compris. (Prenant Masetto par le bras.) Allons !

MASETTO, se débarrassant de Leporello et s'approchant de don Juan.

Monseigneur !

DON JUAN, qui causait avec Zerline.

Qu'est-ce ?

MASETTO.

Zerline ne peut rester ici sans moi.

LEPORELLO.

Son Excellence restera ici à ta place et te représentera à merveille.

DON JUAN.

Sois tranquille. Ta Zerline est dans les mains d'un chevalier.... Tout à l'heure nous irons te rejoindre.

ZERLINE.

Oui, va, mon petit Masetto. Tu n'as rien à craindre. Je suis dans les mains d'un chevalier.

MASETTO d'un ton bourru.

Eh bien! quoi?

LEPORELLO le prenant par le bras.

Eh bien! tu peux être tranquille.

MASETTO.

Eh! non, vraiment.

DON JUAN.

Holà! finisssons. Si tu ne t'en vas pas sur-le-champ,
sans répliquer...

LEPORELLO

Tu entends, Masetto?

MASETTO.

Air.

J'ai compris. Oui, seigneur,
 Serviteur!
Je m'en vais partir d'ici,
 Puisque ça vous plaît ainsi.
D'ailleurs, ne répliquons rien,
Non, non, non, non; c'est pour mon bien.
Ah! vous êtes chevalier!

Mouvement d'impatience de don Juan

Il ferait beau le nier,
En voyant le bon vouloir
Que pour moi daignez avoir.

Don Juan remonte la scène.

A Zerline.

Ah! coquine!
Malandrine!
Tu fus toujours ma ruine.

A Leporello qui veut l'emmener.

Là, j'arrive.

A Zerline.

Bonne affaire!
C'est une chose assez claire.

Pleurant.

Il te fera chevalière;
C'est le moins assurément.
Reçois-en mon compliment.

(Il sort entraîné par Leporello et suivi des paysans et des paysannes.)

SCÈNE IX

DON JUAN, ZERLINE.

DON JUAN.

Enfin, ma gentille Zerlinette, nous voilà délivrés de
ce nigaud! Qu'en dites-vous, mignonne? Ne l'ai-je pas
lestement écarté?

ZERLINE.

Seigneur, c'est mon mari.

DON JUAN.

Qui? lui! Croyez-vous qu'un gentilhomme, un chevalier comme moi, puisse souffrir que ce minois adorable
soit profané par un vil rustre?

ZERLINE.

Mais, monsieur, je lui ai donné parole de l'épouser.

DON JUAN.

Une telle parole ne vaut pas un zéro. Vous n'êtes pas
faite pour épouser un paysan. Un sort plus élevé attend
les yeux fripons, ces lèvres appétissantes, ces petites
mains potelées qui sont comme des touffes de roses.

ZERLINE.

Aussi vrai, monsieur, je ne sais comment faire quand vous parlez. Ce que vous dites me fait aise, et j'aurais toutes les envies du monde de vous croire ; mais on m'a toujours dit qu'il ne faut jamais croire les monsieurs et que vous êtes des enjôleurs qui ne songez qu'à abuser les filles.

DON JUAN.

Moi, j'aurais l'âme assez méchante pour abuser une personne comme vous ! Non, non, j'ai trop de conscience pour cela. Je vous aime, Zerline, et, pour vous montrer que je vous dis vrai, sachez que je n'ai point d'autre dessein que de vous épouser.

ZERLINE.

Vous !

DON JUAN.

Oui, moi, et aujourd'hui même. (Montrant un pavillon.) Cette petite maison m'appartient. Là, nous serons seuls, et là, nous nous marierons.

Duo.

DON JUAN.

Là, nos deux mains s'unissent ;
Là, tu me diras oui.
Vois, les arbres fleurissent...
Mon bien, partons d'ici.

ZERLINE.

Je crois... et puis je doute...
Le cœur me tremble un peu...
Je veux fuir... et j'écoute...
Mais si c'était un jeu !

DON JUAN.

Viens avec moi, ma belle.

ZERLINE, à part en hésitant.

Faut-il être infidèle ?

DON JUAN.

Un sort nouveau t'appelle?

ZERLINE,

J'hésite... je chancelle...

DON JUAN.

Viens, ma belle...
Viens, ton époux t'appelle.

ZERLINE.

Faut-il être infidèle?

DON JUAN, montrant le pavillon.

Là, tu me diras oui.

ZERLINE.

Il serait mon mari !

DON JUAN.

Mon bien, partons d'ici.

ZERLINE.

Mais... s'il avait menti.

DON JUAN.

Viens avec moi, ma belle.

ZERLINE.

Faut-il être infidèle?

DON JUAN.

Un sort nouveau t'appelle.

ZERLINE se laissant entraîner.

J'hésite... je chancelle...

DON JUAN.

Ah ! quel beau jour !

ZERLINE cédant.

Allons !

DON JUAN et ZERLINE.

Partons et plus d'alarmes !
Allons goûter les charmes
D'un innocent amour.

(Don Juan entraîne Zerline ; donn' Elvire paraît.)

SCÈNE X

DONN' ELVIRE, LES MÊMES.

DONN' ELVIRE s'avançant tout à coup et étendant le bras
vers don Juan.

Arrête !... j'arrive à temps pour sauver de tes mains
cette pauvre enfant.

ZERLINE se tournant effrayée vers don Juan.

Ah ! mon Dieu ! qui est cette dame ?

DON JUAN à demi-voix à Zerline.

L'infortunée est folle de moi ; et, comme j'ai un cœur
compatissant, je fais semblant de l'aimer.

ZERLINE.

Pauvre femme !

DONN' ELVIRE à Zerline.

Fuis cet homme, — c'est la perdition, c'est la mort.

ZERLINE tremblante.

Je m'en vais... je m'en vais...

(Elle sort.)

DON JUAN *répondant par un mouvement de colère à un regard de donn' Elvire. — A lui-même.*

Oh! je saurai bien la rejoindre.

(Il sort.)

SCÈNE XI

DONN' ELVIRE seule.

Air.

DONN' ELVIRE.

En quels excès, Dieu juste! en quels forfaits se jette
    Ce malheureux!
    En quel abîme affreux!
Hélas! hélas! déjà sur lui s'arrête
    La colère du ciel.
J'entends gronder la fatale tempête;
    Je la vois sur sa tête.
Il va tomber dans le gouffre éternel.
Mille désirs, mille craintes contraires
    Viennent me troubler.
    Larmes involontaires,
      Pourquoi couler?
    Je l'aimais, infortunée!
De lui viennent tous mes malheurs,
Et cependant l'abandonnée
    Verse encor pour lui des pleurs.
    Quand je songe à ma souffrance,
    Je ne rêve que vengeance;
    Mais son destin, quand j'y pense,
    Me force à verser des pleurs.

(Elle ramène son voile sur son visage et sort.)

Troisième tableau.

La place de Burgos où se trouve l'hôtel du Commandeur. Les
écussons de la façade sont tendus de noir.

SCÈNE XII

DON OTTAVIO, seul.

Ah! depuis que le deuil est entré dans cette maison,
toute joie s'en est allée de mon cœur. Pauvre et chère
Anna!

Air.

Oui, je partage, ami fidèle,
Je partage tout avec elle.
Que Dieu nous donne un même sort!
Je l'aime jusqu'à la mort.
   Quand son visage
   Est soucieux,
   C'est qu'un nuage
   Voile mes yeux ;
    Et notre âme
    S'enflamme
   Des mêmes feux.
   Peine cruelle,
   Vives douleurs,
Je partage avec elle
   Tous ses malheurs.
Oui, je partage, ami fidèle,
Je partage tout avec elle.
Que Dieu nous donne un même sort!
Je l'aime jusqu'à la mort.
   Ah! que ne puis-je,
   Par un prodige,

Finir ses larmes
Et ses alarmes!
Que Dieu nous donne un même sort!
Je l'aime jusqu'à la mort.

(Il se dirige vers la porte de l'hôtel. Donn' Anna, **tout en deuil**, en
sort, suivie de ses femmes.)

DONN' ANNA.

Don Ottavio! Savez-vous enfin le nom de celui...

DON OTTAVIO.

Je n'ai rien pu savoir, et ce misérable est encore im-
puni.

DONN' ANNA, avec accablement.

Hélas!

DON OTTAVIO.

Mais, n'en doutez pas, chère Anna, à défaut d'un
complice qui le dénonce, c'est le ciel qui, venant lui-
même en aide à notre vengeance, nous dira tout à coup:
Le voici!

(Entre don Juan.)

SCÈNE XIII

LES MÊMES. DON JUAN, puis DONN' ELVIRE

DON OTTAVIO.

Ah! don Juan!

(Il va à lui et tous deux se serrent la main.)

DON JUAN, à part.

Donn' Anna!

(Il s'avance vers elle et la salue.)

DON OTTAVIO.

Cher ami! je vous rencontre à propos.
Vous avez du cœur, une âme généreuse... (Mouvement
de don Juan.) Nous avons besoin de toute votre amitié.

DON JUAN, avec explosion.

Mon amitié! Je suis à vos ordres. Parlez. Mon épée,
ma fortune, mon sang, tout est à vous Mais, vous, donn'
Anna, pourquoi ces larmes? Qui a osé les faire couler?

DONN' ELVIRE, qui vient d'entrer et qui a entendu les dernières
paroles de don Juan, s'avançant tout à coup

C'est un traître! Ne vous fiez pas à lui.

DON JUAN.

Elvire! (A part.) Encore Elvire!

DONN' ELVIRE.

Toujours moi! Je suis ta conscience.

Quartetto.

DONN' ELVIRE, à donn' Anna.

Ah! crains de le connaître,
Et garde-toi de lui.
C'est un perfide, un traître,
Il veut te perdre aussi.

DON OTTAVIO et DONN' ANNA.

O ciel! Les nobles charmes!
La douce majesté!
Hélas! pourquoi ces larmes
Qui voilent sa beauté?

DON JUAN.

La pauvre enfant est folle!
Souvent une parole
L'apaise et la console.
Laissez-nous seuls tous deux.

DONN' ELVIRE.

Il ment! c'est un parjure.

DON JUAN.

La pauvre créature!

DONN' ELVIRE, à donn' Anna et à don Ottavio.

Restez, je vous conjure.

DONN' ANNA et DON OTTAVIO.

Comment juger entre eux?

DON JUAN.

La folle!

DONN' ELVIRE.

Ah! s'il pouvait, il tromperait les cieux!

Ensemble.

DON JUAN, à part.

Dans mon sein, la colère s'agite,
Et je sens mon cœur battre plus vite.

Jetant un regard irrité sur Elvire.

Ce qu'en moi, par sa vue, elle excite,
Je voudrais l'expliquer; mais en vain, je ne peux.

DON OTTAVIO et DONN' ANNA.

Quel est donc cet émoi qui m'agite?
Et d'où vient que mon cœur bat plus vite?
Ce qu'en moi par sa vue elle excite,
Je voudrais l'expliquer, mais en vain, je ne peux.

DONN' ELVIRE.

La rage dans mon cœur habite.

Regardant don Juan.

Ce qu'en moi sa présence excite,
Je ne peux l'exprimer, je ne peux.

Non, non. Son aspect m'irrite.
Mon cœur bat plus vite.
Le trouble qui m'agite
Me trahit à leurs yeux.

DON OTTAVIO.

Je ne quitte pas la place,
Je saurai la vérité.

DONN' ANNA.

Je crois voir ici la trace
De quelque déloyauté.

DON JUAN, à part.

Si je quitte cette place,
Je vais être suspecté.

DONN' ELVIRE.

Oui, bientôt et, quoi qu'il fasse,
On verra sa fausseté.

DON OTTAVIO, à don Juan, en désignant donn' Elvire.
Elle est donc!...

DON JUAN.

Oui, je vous jure.

DONN' ANNA, à donn' Elvire en désignant don Juan.
Il est donc!...

DONN' ELVIRE.

C'est un parjure.

DON OTTAVIO et DONN' ANNA.

Je crois voir la vérité.

DON JUAN, bas à Elvire avec colère.

Taisez-vous, faites silence.
Voyez, la foule s'avance.

On voit, au fond, des passants qui s'arrêtent.

Ayez donc plus de prudence,
Ou bien on rira de vous.

DONN' ELVIRE.

Non ! cruel ! plus de prudence,
Et que la foule s'avance !
Mes malheurs et ton offense,
Je les dirai devant tous.

Ensemble.

DON JUAN, à Elvire.

Taisez-vous, faites silence.

DONN' ELVIRE.

Non, cruel, plus de prudence.

DON JUAN.

Voyez ! la foule s'avance.

DON OTTAVIO et DONN' ANNA, se montrant don Juan.

Ses aparté, sa jactance,
Sa pâleur, sa contenance...
Tout éclate d'évidence.

DON JUAN, à donn' Elvire

Ayez donc plus de prudence,
Ou bien on rira de vous.

DONN' ELVIRE.

Mes malheurs et ton offense,
Je les dirai devant tous.

DON OTTAVIO et DONN' ANNA.

Rien n'est plus douteux pour nous.

(Donn' Elvire sort.)

DON JUAN.

Pauvre femme ! je crains qu'elle ne fasse un malheur.

Je vais la suivre... Pardonnez, donn' Anna! Si je peux vous servir, je suis tout à vos ordres.

(Il baise la main de donn' Anna, mais de telle sorte et avec un tel regard qu'elle la retire vivement, et le suit des yeux comme frappée d'un souvenir.)

SCÈNE XIV

DON OTTAVIO, DONN' ANNA.

Scène et air.

DONN' ANNA

Don Ottavio! Mon frère!

DON OTTAVIO.

Qu'avez-vous?

DONN' ANNA.

Quelle horrible lumière!

DON OTTAVIO.

Dans vos yeux, pourquoi ce courroux?

DONN' ANNA, la main étendue vers le côté par où est sorti don Juan.

Grand dieu! c'est le bourreau, l'assassin de mon père.

DON OTTAVIO.

Que dites-vous?

DONN' ANNA.

C'est bien lui. Cette fois,
J'ai reconnu sa voix.
Oui, tout m'éclaire...
Je sais tout maintenant...
Oui, c'est lui qui, chez moi, dans mon appartement...

DON OTTAVIO.

O ciel ! se pourrait-il? L'auteur de cette injure,
Ce serait lui!... Mais dites-moi comment
Eut lieu l'horrible événement.

DONN' ANNA.

Je me souviens. La nuit était obscure.
Soudain j'entends des pas;
Et je vois, dans ma chambre où j'étais seule, hélas!
Entrer un homme ayant votre stature...
Je crus vous reconnaître, et pour vous je le pris ;
Mais bientôt l'imposture
Éclate à mes regards surpris.

DON OTTAVIO.

Dieu ! Poursuivez.

DONN' ANNA.

En silence,
Il s'avance
Et me veut embrasser.
Je veux fuir, je me sens presser.
Je crie... Hélas ! personne, et, d'un geste farouche,
Il me ferme la bouche.
Un voile épais
Se répand sur ma vue...
Et je me crus perdue...

DON OTTAVIO, mettant la main à son épée.

Le perfide ! ah! je vais...

DONN' ANNA.

Le désespoir, la rage,
L'horreur d'un tel outrage,
Tout vient accroître mon courage.
Si bien qu'après de longs efforts,
De ses bras je me dégage.

DON OTTAVIO, hors de lui.

Don Juan! j'aurai ta vie!

DONN' ANNA.

Alors,.
Je crie à l'aide.
Enfin, il cède...
Il recule et s'enfuit.
Je descends sur ses pas... ma fureur le poursuit...
Je lui fais tête.
Tout à l'heure attaquée, à mon tour je l'arrête.
Soudain mon père sort.
Il veut connaître
Quel est ce traître?
Infortuné vieillard! Le crime est le plus fort;
Le scélérat le frappe et lui donne la mort.

Air :

Tu sais mon offense,
Prends donc ma défense,
Deviens mon vengeur.
Punis cet infâme.
C'est le cri de mon âme,
C'est le cri de ton cœur.
Revois la blessure,
La pâle figure
De mon père, ô douleur!
S'il faut, hélas! cette vue
Pour que ton âme émue
Reprenne sa fureur.
Tu sais mon offense.
Vengeance! vengeance!
C'est le cri de mon cœur.

(Donn' Anna rentre dans l'hôtel. Don Ottavio s'éloigne.)

Quatrième tableau.

Le parc de don Juan. A gauche, un pavillon avec balcon.

SCÈNE XV

LEPORELLO, puis DON JUAN.

LEPORELLO.

Ah ! quel maître ! quel maître ! un enragé, un chien, un diable, un Turc, un hérétique, qui ne craint ni ciel, ni saint, ni Dieu, ni loup-garou... Le voilà ! voyez s'il n'a pas l'air d'être le plus honnête homme du monde... Ah ! que de bon cœur je lui dirais son fait... si je n'étais encore plus poltron qu'il n'est scélérat...

DON JUAN.

Eh bien ! mon cher petit Leporello, tout va-t-il bien ?

LEPORELLO.

Mon cher petit don Juan, tout va mal.

DON JUAN.

Comment ! tout va mal ?

LEPORELLO.

Selon que vous me l'avez ordonné, je vais au château avec tout ce monde.

DON JUAN.

Bien !

LEPORELLO.

Je les paye de balivernes, de gentillesses, de men-songes, toute menue monnaie dont je me suis enrichi à **votre service.**

DON JUAN.

Bien !

LEPORELLO

Je m'empare de Masetto, et je lui farcis la tête de mille folies, pour que sa jalousie lui fasse vider la place.

DON JUAN.

Très-bien !

LEPORELLO.

Je fais boire les hommes et les femmes. En ce moment, je ne donnerais pas ça de leur cervelle. Les uns chantent, les autres jouent ; ceux-ci boivent comme des éponges ; ceux-là sautent à faire crouler la salle. Mais, au milieu de la bagarre, savez-vous qui est arrivé ?

DON JUAN

Zerline.

LEPORELLO.

Bravo ! Devinez qui était avec elle ?

DON JUAN.

L'inconsolable et infatigable Elvire.

LEPORELLO.

Bravo ! Et elle a dit de vous...

DON JUAN.

Tout le mal qu'elle en pense, et ce n'est pas peu de chose.

LEPORELLO.

Ma foi ! Il n'y a rien à vous apprendre, monsieur.

DON JUAN.

Et toi, maroufle, qu'as-tu fait ?

LEPORELLO.

Je me suis tu.

DON JUAN.

Bavard! Et elle?...

LEPORELLO.

Elle a poursuivi sa litanie... et, quand le souffle lui a
manqué, je lui ai offert tout doucement mon bras... J'ai
pris le ciel à témoin de la part que je prenais à sa dé-
tresse... Je lui ai dit que vous étiez le plus grand scélérat que la terre eût jamais porté...

DON JUAN.

Comment, drôle?

LEPORELLO.

Ça paraissait lui faire plaisir, et nous sommes ainsi
arrivés près de la petite porte du jardin... Alors, tout
en soupirant, je l'ai fait sortir dans la rue, et, refer-
mant soudain la porte sur elle, je m'en suis trouvé dé-
barrassé.

DON JUAN.

Parfait! Et tu me disais tout à l'heure que tout allait
mal!... Mon cher Leporello, je vais achever ce que tu
as si bien commencé. Ces petites paysannes me trottent
dans la cervelle; je veux les retenir chez moi jusqu'au
matin.

Air.

Ah! leur défaite
Déjà s'apprête.
Vite une fête
Pour en finir!
Si, sur la place,
Fillette passe
Cours sur sa trace,
Fais-la venir.

Que l'étiquette ici se taise,
Et que l'on danse ou la française,
Ou l'allemande, à son plaisir.
    Le bal commence.
    Chacun s'élance,
    Et moi j'avance
    Tout à loisir,
    Je suis en veine.
    Ma liste pleine
    D'une dixaine
    Va s'enrichir.

            (Il sort en courant.)

(Leporello lève d'abord les bras au ciel; puis, ramené à des senti-
ments plus terrestres, il s'élance joyeusement à la suite de son
maître.)

    (Entrent Zerline et Mazetto.)

SCÈNE XVI

ZERLINE, MASETTO

ZERLINE.

Masetto! écoute un peu.

MASETTO.

Ne me touche pas.

ZERLINE.

Pourquoi?

MASETTO.

Il n'y a plus rien entre nous.

ZERLINE.

Mais encore...

MASETTO.

Non.

ZERLINE.

Mon petit Masetto.

MASETTO.

Écarte, écarte cette main infidèle.

ZERLINE.

Ah! je ne mérite pas un pareil traitement, et voilà pour me faire pleurer pendant huit jours.

MASETTO.

Comment, vilaine! Tu as l'audace de vouloir t'excuser! Rester en tête-à-tête avec un enjôleur, et me planter là le jour de tes noces!... Ah! la main me démange, et, si je ne craignais de m'attirer quelque ennui, je te...

ZERLINE.

Mais, mon petit Masetto, que voulais-tu que je fisse? Je croyais véritablement que le monsieur voulait m'épouser!

MASETTO, confondu.

Oh!... Eh bien! en voilà une jolie réponse! Ne sommes-nous pas quasiment mariés?

ZERLINE.

Ça n'y fait rien, Masetto. Si tu m'avais aimée, ne devais-tu pas être bien aise que je devinsse madame?

MASETTO, se révoltant tout à fait.

Ah! non, non. J'aime mieux te voir crevée que de te voir à un autre.

ZERLINE.

Ingrat!... Allons, faisons la paix.

MASETTO.

Point d'affaires.

ZERLINE.

Eh bien! cruel, satisfais ta colère. Tue-moi, fais de
moi ce qu'il te plaira... puisque tu ne veux pas me par-
donner.

MASETTO, levant le bras sur elle.

Ah!

ZERLINE.

Air.

Frappe, frappe, ô beau
        Masetto,
L'innocente Zerlinette.
Comme un agneau, la pauvrette
Attend son sort à genoux.
Va, je me laisserai faire.
Prive-moi de la lumière.
Ah! la mort me sera chère,
Et je bénirai tes coups;
Mais, je le vois, non, tu n'oses.
Ah! laissons ces tristes choses.
Faisons la paix, mes amours,
Et, loin des soupçons moroses,
Passons les nuits et les jours.

SCÈNE XVII

LES MÊMES, puis DON JUAN, PAYSANS et PAYSANNES

DON. JUAN, au dehors.

Leporello! Leporello!

ZERLINE, effrayée.

Masetto, entends-tu la voix du chevalier?

MASETTO, avec colère.

Oui, j'entends la voix du chevalier.

ZERLINE.

Il va venir.

MASETTO.

Eh bien! après?

ZERLINE.

Ah! si je pouvais me cacher!...

MASETTO, vivement.

Pourquoi te cacher? Qu'as-tu à craindre? Pourquoi pâlis-tu? Ah! je comprends, coquine... Tu crains que je ne découvre comment l'affaire s'est passée entre vous.

Finale.

MASETTO.

Cherchons vite, avant qu'il vienne,
Une cachette certaine.
Si ma femme est bien la mienne,
Par le ciel! on le saura.

ZERLINE.

Où vas-tu? Que veux-tu faire?
C'est une méchante affaire.
S'il te trouve, pauvre hère!
Tu ne sais ce qu'il fera.

MASETTO.

Eh! qu'importe ce qu'il fasse!

ZERLINE.

Ah! qu'un jaloux est tenace!

(Masetto se cache derrière un bouquet d'arbres.)

MASETTO.

Parle fort et reste en place.

ZERLINE.

Quel caprice le tracasse!

Ensemble.

MASETTO.

Parle fort et reste en place.

ZERLINE.

Ah! mon Dieu! la folle audace!

MASETTO.

Et, si je suis dans la nasse,
Ton Masetto le saura.

ZERLINE.

Tous les deux il nous perdra.

(Entre don Juan, suivi de paysans et de paysannes, parmi lesquels
des seigneurs et des dames.)

DON JUAN.

Çà, du cœur, mes camarades!
Voici l'heure des gambades,
Des joyeuses mascarades!
     Allons,
     Rions
     Et sautons.

                         A des valets.

Vous, à la salle de danse
Menez-les, que l'on commence!
Donnez-leur, en abondance,
Vins et fruits de cent façons.

CHŒUR GÉNÉRAL

Çà, du cœur, mes camarades.
Voici l'heure des gambades,

Des joyeuses mascarades!
   Allons,
   Rions,
   Dansons, .
   Chantons
   Et sautons.

       (Ils s'éloignent. Don Juan reste seul.)

ZERLINE.

Sous les branches de ce hêtre,
Si je pouvais disparaître!

DON JUAN, arrêtant Zerline.

Tu voudrais t'enfuir, peut-être,
Zerlinette de mon cœur.

ZERLINE.

Laissez-moi suivre ma route.

DON JUAN.

Un instant, demeure, écoute.

ZERLINE.

Si l'on peut toucher votre âme...

DON JUAN.

Ah! Zerline, elle est de flamme!

       Montrant le avillon.

Viens dans ce discret asile,
Je ne veux que ton bonheur.

Ensemble.

ZERLINE.

S'il le voit, mon imbécile
Fera quelque malheur.

DON JUAN.

Viens dans ce discret asile.
Je ne veux que ton bonheur. .

DON JUAN, entraîne Zerline et se trouve face à face avec Masetto
qui est sorti de sa cachette.

Masetto !

MASETTO.

Oui, Masetto.

DON JUAN.

Quoi !
Il était là !... Ta belle Zerlinette
Ne peut, la pauvrette,
Ne peut rester sans toi.

MASETTO.

Oui da ! J'en suis charmé, ma foi !

DON JUAN.

Mais le bal nous appelle.
Ne tardez plus, la belle,
On commence, je crois.

DON JUAN, ZERLINE et MASETTO.

Ensemble.

ZERLINE.

Oui, le bal nous appelle.
Laissons toute querelle
Et partons tous les trois.

DON JUAN.

Venez, amis, et partons tous les trois.

ZERLINE, DON JUAN et MASETTO.

Oui, partons, tous les trois.

(Ils sortent. Don Ottavio, donn' Anna et donn' Elvire, tous trois
en domino, paraissent du côté opposé.)

SCÈNE XVIII

DONN' ANNA, DONN' ELVIRE, DON OTTAVIO.

DONN' ELVIRE.

Notre sainte vengeance
A besoin de constance
Pour mettre en évidence,
Enfin! ses crimes devant tous.

DON OTTAVIO, à donn' Anna.

Écoutez notre amie,
Son âme est raffermie.
Courage donc, ma vie!
Soyez digne de vous.

DONN' ANNA.

L'affaire est périlleuse,
L'issue en est douteuse;
Incertitude affreuse!

A donn' Elvire.

Je tremble pour vous,
Et pour mon époux.

SCÈNE XIX

LES MÊMES. DON JUAN et LEPORELLO. Ils paraissent au balcon
du pavillon.

LEPORELLO, montrant les trois dominos.

Regardez, je vous prie,
La rencontre est jolie.

DON JUAN.

Dis-leur
Que, s'ils entraient au bal, ils me feraient honneur.

(Il rentre.)

DONN' ANNA, DONN' ELVIRE, DON OTTAVIO, A la vue
de don Juan.

Je crois le reconnaître.
C'est lui, c'est bien le traître.

LEPORELLO.

St! st! Venez, beaux masques, par ici!

DONN' ANNA ET DON' ELVIRE, à don Ottavio.

Répondez-lui.

LEPORELLO.

St! st! Beaux masques, par ici!

DON OTTAVIO, à Leporello.

Que voulez-vous?

LEPORELLO.

Mon maître vous convie
Au bal, sans long discours.

DON OTTAVIO.

Et je l'en remercie.

A donn' Anna et à don Elvire,

Entrons sans plus attendre.

LEPORELLO, à part.

Encor deux noms à prendre
Pour sa liste d'amours.

(Il rentre.)

Ensemble.

DONN' ANNA.

Protége-nous, Dieu juste !

DONN' ELVIRE.

Sois le vengeur auguste
De mon amour trahi !

DON OTTAVIO.

Protége-nous, Dieu juste,
Et surtout aujourd'hui.

(Ils entrent.)

Cinquième tableau.

Le théâtre représente une salle de bal dans le château de don
Juan. Orchestres sur le théâtre. A droite, une petite porte latérale.
A gauche, grande porte d'entrée.)

DON JUAN.

Suspendons un moment les gambades.

LEPORELLO.

Il se faut rafraîchir, camarades.

DON JUAN et LEPORELLO.

Puis, bientôt, à l'appel des œillades,
Vous pourrez vous remettre à danser.

DON JUAN, s'approchant de Zerline.

Du café !

LEPORELLO, s'adressant à d'autres.

Chocolat !

MASETTO, qui surveille Zerline.

Ah ! prends garde, Zerline !

DON JUAN.

Des sorbets !

LEPORELLO.

Fruits glacés !

MASETTO.

Ah ! prends garde, Zerline !

MASETTO et ZERLINE, avec anxiété.

Attendons que le bal se termine,
Il a l'air de trop bien commencer.

DON JUAN.

Que d'attraits, ô brillante Zerline !

ZERLINE.

Ah ! Seigneur !

MASETTO, à part.

Voyez donc la coquine !

LEPORELLO, à plusieurs jeunes filles.

Mon cher cœur !
Mes amours ! Ma Sandrine !

MASETTO, à part, en regardant don Juan

Puisses-tu te démettre l'échine !

Ensemble.

ZERLINE.

Masetto ne fait pas bonne mine,
Je crains fort qu'il n'arrive un malheur.

MASETTO.

Voyez donc la coquine !

Regardant don Juan.

Puisse-t-il se démettre l'échine !

DON JUAN et LEPORELLO.

Le mari ne fait pas bonne mine.
Employons quelque tour de joueur.

(Paraissent à la porte d'entrée, don Ottavio, donn' Anna
et donn' Elvire.)

SCÈNE XX

LES MÊMES, DONN' ANNA, DONN' ELVIRE, DON OTTAVIO.

LEPORELLO aux trois nouveaux arrivants.

Beaux masques au noir visage,
Mon maître vous engage.

DON JUAN.

Livrez à tous passage ;
Vive la liberté !

DON OTTAVIO, DONN' ANNA, DONN' ELVIRE.

L'aimable témoignage
De générosité !

TOUS.

Vive la liberté !

DON JUAN.

Que le bal recommence !

A Leporello.

Toi, ranime la danse.

A Zerline.

Vous, suivez la cadence,
Zerline, ô ma beauté !

LEPORELLO, à tous.

Dansons, plus de verbiage !

DONN' ELVIRE, montrant Zerline.

Je connais ce visage.

DONN' ANNA.

Je me meurs.

DON OTTAVIO.

Du courage !

MASÉTTO.

J'enrage.

DON JUAN et LEPORELLO.

Fort bien, en vérité !

DON JUAN à Leporello, en lui montrant Masetto.

Veille sur l'imbécile.

LEPORELLO.

Il n'a pas l'air docile
L'imbécile.

DON JUAN à Zerline.

Dansons d'un pied agile,
Zerline, ô ma beauté !

LEPORELLO à Masetto.

Dansons d'un pied agile...

Lui faisant faire quelques pas malgré lui.

Fort bien, en vérité !

MASETTO, résistant.

Je n'aime pas la danse.

LEPORELLO.

Avec cette prestance!

MASETTO.

Non.

LEPORELLO.

Si... par complaisance,

MASETTO.

Non... vaine insistance!
Je n'aime pas la danse.

DONN' ANNA.

N'est-il plus d'espérance?

DONN' ELVIRE et DON OTTAVIO, à donn 'Anna.

Un peu de fermeté!

LEPORELLO à Masetto.

Allons, un tour de danse!
Un seul, par charité!

DON JUAN à Zerline, en cherchant à l'entraîner.

Ah! viens, ô ma divine!

MASETTO à Leporello.

Laisse-moi. Non, non... Zerline!

(Don Juan disparaît avec Zerline par la porte latérale.)

ZERLINE, au dehors.

O ciel! je suis trahie!

LEPORELLO, à part.

Il touche à sa ruine.

(Il sort.)

DONN' ANNA, DONN' ELVIRE, DON OTTAVIO.

Lui-même dans l'abîme il s'est précipité.

ZERLINE, au dehors.

Ah ! si vous avez une âme !

DONN' ANNA, DONN' ELVIRE, DON OTTAVIO.

Secourons la pauvre femme !

MASETTO.

Ah ! Zerline !...

ZERLINE, au dehors.

Lâche ! infâme !

DONN' ANNA, DONN' ELVIRE, DON OTTAVIO.

Les cris viennent de ce côté.

ZERLINE, au dehors.

Ah ! main-forte !

DONN' ANNA, DONN' ELVIRE, DON OTTAVIO.

Il faut briser cette porte.

ZERLINE, au dehors.

Vite ! à l'aide ! ou je suis morte !

CHŒUR.

Nous sommes là
Pour ta défense.

(Zerline reparaît bientôt, suivie de don Juan, qui traîne après lui
Leporello tout effaré).

DON JUAN.

Le lâche auteur de l'offense,
Le voilà !
Il périra.
Meurs, ô traître,
Sous mes coups !

LEPORELLO, attéré.

O ciel! mon maître,
Que faites-vous?

DON OTTAVIO à donn' Anna et à donn' Elvire.

Il croit nous tromper peut-être.
        Il voudrait,
        Par cette ruse,
Nous dérober son forfait.

(Donn' Elvire, don Ottavio et donn' Anna ôtent leur masque.)

DON JUAN, à la vue de donn' Elvire.

Donn' Elvire !

DONN' ELVIRE.

Qui t'accuse.

DON JUAN, à la vue d'Ottavio.

Don Ottavio !

DON OTTAVIO.

Qui vous cherchait.

DON JUAN.

Ah! croyez...

DONN' ANNA.

Silence, infâme !

DONN' ELVIRE, ZERLINE, DON OTTAVIO, MASETTO.

Ah! tais-toi, menteur sans âme!

        (Mouvement de don Juan.)

ZERLINE.

Tes mensonges sont à bout.

DONN' ANNA, DONN' ELVIRE, DON OTTAVIO, MASETTO,
ZERLINE.

On sait tout, oui, l'on sait tout.

Tremble, tremble, infâme et traître!
L'univers va te connaître.

DON JUAN, troublé.

De moi je ne suis plus maître.

LEPORELLO.

De son trouble il n'est plus maître.

(On entend gronder un orage.)

DON JUAN.

Ah! quelle horreur me pénètre!

LEPORELLO.

Il ne peut se reconnaître.

DON JUAN et LEPORELLO.

Ah! la foudre a serpenté.

DON JUAN.

Quel tumulte dans ma tête!

DONN' ANNA, DONN' ELVIRE, DON OTTAVIO, MASETTO,
ZERLINE.

Tremble!

DON JUAN.

O Dieu! l'horrible tempête
Qui sur moi descend déjà!

DONN' ANNA, ZERLINE, DONN' ELVIRE, DON OTTAVIO,
MASETTO.

Tremble! Dieu s'apprête...
Ce soir même, sur ta tête
Le tonnerre éclatera.

DON JUAN, se redressant.

Qu'il tonne! allons! Mon âme est prête.

LEPORELLO.

A tout ici son âme est prête.

DONN' ANNA, DONN' ELVIRE, DON OTTAVIO, MASETTO,
ZERLINE, montrant le ciel.

Écoute !

DON JUAN, avec dédain.

Non ! Rien là-haut ne m'arrête.

DONN' ANNA, DONN' ELVIRE, DON OTTAVIO, MASETTO,
ZERLINE.

Écoute !

DON JUAN.

Non ! que de la base au faîte
Tout s'écroule sur ma tête !

LEPORELLO.

Non ! que de la base au faîte
Tout s'écroule sur sa tête !

DONN' ANNA, DONN' ELVIRE, DON OTTAVIO, MASETTO,
ZERLINE.

Ce soir même, sur ta tête
Le tonnerre éclatera.

DON JUAN.

Croulez, cieux ! Me voilà !

LEPORELLO.

Croulez, cieux ! Le voilà !

FIN DU PREMIER ACTE

ACTE II

Une rue de Burgos. A droite, la maison d'Elvire avec un balcon.

SCÈNE I

DON JUAN, une mandoline pendue à la ceinture; LEPORELLO

Le crépuscule du soir commence.

Duetto.

DON JUAN.

Voyez le drôle
S'il va finir!

LEPORELLO, bourru.

Sur ma parole,
Je veux partir.

(Il fait un mouvement pour se retirer.)

DON JUAN, l'arrêtant.

Voyons, écoute.

LEPORELLO, même jeu.

Je me dégoûte.

DON JUAN, même jeu.

Pour rien, en somme,
Laisser un homme!

LEPORELLO.

Pour rien, en somme!...
Quand on m'assomme!

DON JUAN.

Mais, c'est folie!
Nigaud! je voulais plaisanter.

LEPORELLO.

Je me défie...
Chez vous, je ne veux plus rester.

DON JUAN.

Ah! tu ris, traître!

LEPORELLO.

Du tout, cher maître!

DON JUAN.

Voyons, écoute.

LEPORELLO, faisant un mouvement pour se retirer.

Voici ma route!

DON JUAN, le retenant.

C'est un caprice.
A mon service
Il faut rester.

LEPORELLO.

Non, non, je me suis bien promis de vous quitter.

DON JUAN.

Sans plaisanter,
Il faut rester.

LEPORELLO.

Sans hésiter
Ni plaisanter,
Je veux partir et vous quitter

(Leporello fait mine de partir.)

Fin du duetto.

DON JUAN, mettant la main à sa poche.

Leporello! (Leporello se retourne. Don Juan tire sa bourse.)
Puisque tu ne veux pas de mon amitié (faisant sonner des
pièces d'or), prends au moins ceci.

LEPORELLO, méfiant.

Qu'est-ce?

DON JUAN.

Huit piastres fortes.

LEPORELLO, se rapprochant lestement; puis, après s'être assuré
de la présence des piastres.

Allez, c'est une honte! offrir huit piastres à un honnête homme!

DON JUAN, se méprenant sur la pensée de Léporello, et lui offrant
la bourse tout entière.

Va pour dix! et n'en parlons plus.

LEPORELLO, levant les épaules.

Vous me faites de la peine. Il s'agit bien de vos
piastres... Il s'agit de ma conscience. (Enlevant la bourse.)
Enfin! je vous écoute.

DON JUAN.

As-tu vu la camériste de donn' Elvire?

LEPORELLO, comptant les piastres.

Non; monsieur, je ne fréquente pas ce monde-là.

4

DON JUAN.

Et tu as raison... tu y serais déplacé.

LEPORELLO, se détournant à demi.

Hein?

DON JUAN.

Je ne connais rien de plus appétissant.

LEPORELLO.

Vous en dites autant de toutes celles que vous ren-
contrez.

DON JUAN.

Je veux tenter l'aventure, et, ce soir même, me pré-
senter à cette jolie fille sous un déguisement.

LEPORELLO.

Mais il me semble que ces riches habits...

DON JUAN.

Ne réussiraient pas auprès d'une soubrette!... Donne-
moi ton chapeau et ton manteau.

LEPORELLO.

Monsieur! vous vous moquez,

DON JUAN.

Vite!... on pourrait nous surprendre.

LEPORELLO.

Et s'il allait y avoir quelques coups de bâton?...

DON JUAN, lui arrachant son chapeau et lui enfonçant le sien
sur la tête.

Allons! vite!... C'est trop d'honneur que je te fais, et
bienheureux est le valet qui peut avoir la gloire de mourir pour son maître!

LEPORELLO.

Je vous remercie d'un tel honneur.

DON JUAN.

Point de réplique.

LEPORELLO.

Je...

DON JUAN, détachant son épée et la donnant à Leporello.

Et mon épée !

LEPORELLO, l'attachant à sa ceinture.

Me voilà bon !

DON JUAN.

Il s'agit maintenant d'éloigner donn' Elvire.

LEPORELLO.

Par quel moyen?

DON JUAN.

Laisse-moi faire.

(Elvire parait à sa fenêtre.)

SCÈNE II

Les mêmes, DONN' ELVIRE

La nuit est venue.

Terzetto.

DONN' ELVIRE, se croyant seule.

Tais-toi! cœur plein de flamme!
Silence, faible femme!
Cet homme n'a pas d'âme;
Pour lui, pas de pitié.

LEPORELLO, à demi-voix à don Juan.

C'est elle! c'est Elvire!
Je l'entends qui soupire.

DON JUAN, à demi-voix.

Ah! je plains son martyre...
Et je veux lui prouver... ma sincère amitié.

Il se place derrière Leporello et lui fait signe de gesticuler
pour lui.

Haut.

Elvire! ô la plus belle!
Mon cœur ici t'appelle.

DONN' ELVIRE.

C'est lui, c'est l'infidèle!...

DON JUAN.

C'est moi, c'est moi, cruelle!
J'implore ta pitié.

DONN' ELVIRE, à part.

Ah! sa douce parole
Malgré moi me console.
L'espoir s'éveille en moi.

LEPORELLO, à part.

Voyez donc cette folle!
Dans ce traître elle a foi!

DON JUAN.

Descends, ô la plus belle!
Descends, l'amour t'appelle.
Apaise-toi, cruelle,
Mon cœur revient vers toi.

DONN' ELVIRE.

Non, non, tu ris d'Elvire!
Non, barbare!

DON JUAN.

Hélas! crois-moi.

LEPORELLO, à part.

Je vais mourir de rire.
Je ris, je ris, je ris.

DON JUAN.

Ah! descends ou j'expire.

Ensemble.

DONN' ELVIRE.

Quel embarras extrême!
Faut-il le croire? Il m'aime!
Peut-être il rit lui-même
De ma crédulité.

DON JUAN.

Grâce à mon stratagème,
Donn' Elvire qui m'aime
Va se prendre elle-même
Dans sa crédulité!

LEPORELLO.

Un pareil stratagème
Est le mensonge même.
Donn' Elvire qui l'aime
Croit à sa loyauté.

(Elvire disparaît du balcon.)

SCÈNE III

Les mêmes, puis ELVIRE.

DON JUAN.

Eh bien! le tour est fait.

4.

LEPORELLO.

Vous avez un cœur de bronze.

DON JUAN.

Imbécile! écoute : A peine ouvrira-t-elle la porte que tu te précipiteras vers elle pour l'embrasser.

LEPORELLO.

Pour?...

DON JUAN.

Pour l'embrasser. Accable-la de caresses.

LEPORELLO.

Mais...

DON JUAN.

Je te l'ordonne.

LEPORELLO

Ah!

DON JUAN.

Imite ma voix et emmène-la d'ici.

LEPORELLO

Mais, monsieur...

DON JUAN.

Assez parlé!

LEPORELLO.

Si elle me reconnaît...

DON JUAN.

Elle ne te reconnaîtra pas... ou tu n'es qu'un sot... Chut! Elle ouvre... Attention!

DONN' ELVIRE, paraissant.

Me voici!

LEPORELLO, à part.

Ouf! je suis pris.

(Don Juan remonte le théâtre et observe.)

DONN' ELVIRE, s'avançant vers Leporello et lui prenant le bras.

Faut-il vous croire, don Juan? Mes larmes ont-elles touché votre cœur? Me rendez-vous votre amour?

LEPORELLO, caressant les mains de donn' Elvire.

Oh!

DONN' ELVIRE.

Vous ne répondez pas.

LEPORELLO, baisant les mains de donn' Elvire.

Oh!

DONN' ELVIRE.

Pauvre ami!... je vous comprends... Le repentir...

LEPORELLO, lui baisant les bras.

Oh!

DONN' ELVIRE.

Vous ne me quitterez plus, n'est-ce pas?

LEPORELLO.

Jamais!

DONN' ELVIRE.

Vous serez toujours à moi?

LEPORELLO.

Toujours!

DONN' ELVIRE, lui jetant les bras autour du cou.

Ah! mon bien-aimé!

LEPORELLO, l'embrassant.

Mon adorée! (A part.) Le jeu me plaît.

DON JUAN, à part.

Eh bien! eh bien! Le faquin s'échauffe. (Haut, en frappant des pieds.) Mort à don Juan! Tue! tue!

DONN' ELVIRE, à Leporello.

On te cherche?

LEPORELLO, mettant la main à son épée.

On me cherche! (Puis détalant.) Fuyons.

(Il revient tout à coup sur ses pas pour emmener Elvire.)

SCÈNE IV

DON JUAN seul, puis MASETTO et des PAYSANS

DON JUAN, redescendant la scène.

Je le crois un peu refroidi, le drôle! — A la suivante, maintenant.

Il prend sa mandoline, se place sous la fenêtre et prélude.

Canzonetta.

I

Ah! viens à la fenêtre,
Et daigne enfin paraître.
La flamme de tes yeux
Embellira ces lieux.
Écoute-moi, cruelle!
C'est ma voix qui t'appelle.
Renonce à tes rigueurs,
Parais, ou bien je meurs.

II

O toi dont la voix tendre
Du ciel semble descendre !
O toi qui, dans mon cœur,
Commandes en vainqueur,
Viens rayonner dans l'ombre,
Dissipe la nuit sombre,
Ramène ici le jour.
Viens, ô mon bel amour !

La camériste d'Elvire se montre.

Quelqu'un à la fenêtre !... C'est elle, sans doute.

(Entre avec précaution Masetto suivi de paysans armés de bâtons.)

MASETTO.

Patience ! mes amis !... je flaire notre homme...

DON JUAN, près du balcon.

Pst ! pst !

MASETTO.

Nous le tenons.

DON JUAN, se retournant.

On a parlé !

MASETTO.

Halte ! Si je ne suis borgne des deux yeux, je vois grouiller quelqu'un là-bas !

DON JUAN, à part.

Si je ne me trompe, c'est Masetto.

MASETTO.

Qui va là?... Point de réponse ! Qui va là?

(Il donne un coup de bâton dans le vide.)

DON JUAN.

Il n'est pas seul. (Portant la main à sa ceinture.) Je suis sans armes, employons la ruse. (Haut.) Chut!... C'est toi, Masetto!

MASETTO.

En personne! Mais vous, qui êtes-vous?

DON JUAN.

Eh! ne me reconnais-tu pas? Je suis Leporello.

MASETTO.

Leporello! le valet de ce brigand!

DON JUAN.

Tout juste... de ce... comme tu dis.

MASETTO.

Où est-il? Nous le cherchons.

DON JUAN.

Que voulez-vous de lui?

MASETTO.

Oh! mon Dieu! peu de chose... le tuer.

DON JUAN.

Le tuer! — Eh bien! je me joins à vous pour cette bonne œuvre. (Indiquant la direction suivie par Leporello et donn' Elvire.) — Il s'est enfui par là... avec une nouvelle victime!

TOUS, avec un mouvement d'horreur

Oh!

DON JUAN, aux uns.

Vous, prenez de ce côté. (Aux autres.) Vous, de celui-ci. Courez, et — ne le ménagez pas.

(Tous, à l'exception de Masetto, sortent en courant.)

SCÈNE V

DON JUAN, MASETTO

MASETTO, faisant plier son bâton.

Je vais donc enfin...

(Il se prépare à sortir.)

DON JUAN, l'arrêtant.

Toi, reste, j'ai à te parler. (A part.) Si Leporello n'est
pas roué de coups, ce ne sera pas de ma faute. (Haut.)
Donc tu veux tuer mon maître.

MASETTO.

Oui.

DON JUAN.

Mais, là, — tout à fait?

MASETTO.

Tout à fait. Je veux le mettre en pièces, le réduire
en charpie. Je veux qu'au grand jugement il lui soit
impossible de se retrouver.

DON JUAN, faisant un geste pour le frapper, puis reprenant le
ton enjoué.

Que tu me fais de plaisir de parler ainsi! As-tu de
bonnes armes?

MASETTO.

Parbleu! D'abord cette escopette.

DON JUAN.

Voyons.

(Il la prend.)

MASETTO.

Puis ce pistolet.

(Don Juan le prend.)

DON JUAN.

Tu n'en as pas d'autres?

MASETTO, lui montrant un énorme gourdin.

Ce simple bâton.

(Don Juan le prend.)

DON JUAN.

C'est tout?

MASETTO.

C'est tout.

DON JUAN.

C'est bien tout?

MASETTO.

Oui, tout.

DON JUAN.

Eh bien ! prends ceci pour le pistolet.

(Il le frappe.)

MASETTO.

Aïe! aïe !

DON JUAN.

Ceci pour l'escopette.

(Il le frappe.)

MASETTO.

Aïe ! aïe! ma tête ! mes épaules! .

DON JUAN.

Ceci pour le gourdin.

(Il le frappe.)

MASETTO.

Ho ! ho !

DON JUAN.

Ceci pour la charpie..

(Il le frappe. Masetto tombe par terre.)

MASETTO.

Ho ! ho !

DON JUAN.

Et ceci pour le grand jugement.

(Il lui donne un dernier coup.)

MASETTO.

Ah !

(Don Juan sort.)

SCÈNE VI

MASETTO, puis ZERLINE.

MASETTO, par terre.

Aïe ! ma pauvre tête ! aïe ! mes épaules ! aïe ! ma poitrine.

(Paraît Zerline.)

ZERLINE.

N'entends-je pas la voix de Masetto ?

MASETTO.

Zerline ! ma Zerline ! au secours !

ZERLINE, sans trop se presser.

Qu'y a-t-il ? (A la vue de Masetto.) Ah !

MASETTO, se mettant sur son séant.

Je suis mort. Ho ! ho !

ZERLINE, se croisant les bras.

Encore une querelle, selon votre habitude.

MASETTO.

C'est ce valet du diable, ce gueux, ce lâche, qui m'a rompu les os.

ZERLINE.

Oh ! — Mais qui donc, au nom du ciel ?

MASETTO.

Eh ! parbleu ! Leporello !

ZERLINE.

Oh !

MASETTO.

Mais je te trouve gentille de faire des oh ! des ah ! et -de me laisser là par terre !

ZERLINE.

Je t'avais bien dit que ta sotte jalousie te jouerait un mauvais tour.

MASETTO.

Aïe !

ZERLINE.

Où as-tu mal ?

MASETTO.

Ici.

ZERLINE.

Et puis ?

MASETTO.

Là... et encore ici.

ZERLINE.

Et puis...

MASETTO.

Et puis partout.

ZERLINE, sentencieusement.

Il n'y allait pas de main morte.

MASETTO, contrefaisant Zerline avec colère.

Il n'y allait pas de main morte... C'est comme cela
que tu me consoles, toi !

ZERLINE, l'aidant à se relever.

Là, là, il n'y a pas grand mal .. Rentrons, mon petit
Masetto ; et, si tu me promets de n'être plus jaloux, je
te guérirai.

Air.

Oui, je possède
Gentil remède
Qui, par mon aide,
  Te guérira.
Il est facile ;
Mais, dans la ville,
Plus d'un habile
  Le manquera.
C'est un doux baume,
Au pur arome
Que, d'un royaume,
Paierait un roi
Je l'ai sur moi.

(Montrant son cœur.)

Voilà son gîte ;
  Oui, le voilà.
  Mets ta main là.

(Masetto se détourne.)

Comme il palpite,
Comme il s'agite !

(Masetto se laisse prendre la main.)

Mets ta main là.

(Ils sortent en se tenant embrassés.)

Deuxième tableau.

Un cirque en ruines. Petite porte dans un pan de mur. Nuit
profonde.

SCÈNE VII

LEPORELLO et DONN' ELVIRE

Ils entrent précipitamment. Leporello porte encore le chapeau,
le manteau et l'épée de don Juan.

LEPORELLO.

Par ici, donn' Elvire, et lestement. Ces ruines vont
nous dérober à leur poursuite.

DONN' ELVIRE.

Où sommes-nous ?

LEPORELLO.

Près de l'enclos du Commandeur. (A part.). Il doit y
avoir, dans ce mur, une petite porte mal close donnant
sur des terrains abandonnés. Si je la trouve, je plante
là donn' Elvire, et je redeviens Leporello. Ce manteau
sent trop les coups de bâton.

DONN' ELVIRE.

Ah ! ne me quitte pas... j'ai peur...

LEPORELLO.

Reste ici, chère âme, je vais à la découverte.

Sextuor.

DONN' ELVIRE.

Triste et seule, en ce lieu sombre,
  Ah ! je sens mon cœur frémir...
Je tressaille, et, dans cette ombre,
  De frayeur je vais mourir.

LEPORELLO, à part.

Mais, que diable !
Tout m'accable,
Cette porte est introuvable.
Ah !... le sort m'est favorable.
La voici ! je vais m'enfuir.
C'est l'instant de déguerpir.

(Il essaye de l'ouvrir; mais apercevant la lumière des falots qui
précèdent don Ottavio et donn' Anna, il remonte la scène et est
rejoint par Elvire.)

SCÈNE VIII.

LES MÊMES, DON OTTAVIO et DONN' ANNA, SEIGNEURS,
SUIVANTES, VALETS, puis MASETTO, ZERLINE, et PAYSANS.

DON OTTAVIO, à donn' Anna.

Sèche tes pleurs, ô ma vie !
Que l'espoir rentre dans ton cœur.
De ton père l'ombre chérie
Souffre, hélas ! de ta douleur.

DONN' ANNA.

Laisse au moins couler mes larmes,
Elles ont pour moi des charmes.

Et ma plainte et mes alarmes
Dans la tombe vont finir.

DONN' ELVIRE, à part

Mon époux a fui, le traître !

LEPORELLO.

Me voilà perdu peut-être.

DONN' ELVIRE.

Ah! comment me reconnaître ?

LEPORELLO, cherchant la petite porte.

Vite, vite, il faut partir !

DONN' ELVIRE, à part, essayant de retrouver sa route.

Vite, vite, il faut partir.

(Au moment où Leporello vient de retrouver la porte, Masetto
et Zerline, suivis de paysans, s'y présentent.)

ZERLINE et MASETTO, barrant le passage à Leporello, qui enfonce
encore plus son chapeau sur sa tête et s'enveloppe plus étroite-
ment dans son manteau.

Reste, perfide! à cette place.

DON OTTAVIO et DONN' ANNA, croyant reconnaître don Juan.

Le misérable! ah ! le voici!

DONN'ANNA, DON OTTAVIO, ZERLINE et MASETTO.

Demeure ici,
Félon! et pas de grâce!

DONN' ELVIRE, s'interposant.

C'est mon mari...
Ah! pitié pour mon martyre!

DONN' ANNA, DON OTTAVIO, ZERLINE et MASETTO.

C'est donn' Elvire,
Elle que je vois !
A peine je le crois.

Repoussant sa prière.

Non! il mourra.

DONN' ELVIRE et LEPORELLO.
Pitié! Pardon!

DONN' ANNA, DON OTTAVIO, ZERLINE et MASETTO.
Non!

LEPORELLO.

A quelle erreur votre courroux se livre!
Je ne suis pas, messieurs, ce fourbe détesté.
Laissez-moi vivre,
Hélas! par charité!

(Il ôte son chapeau.)

DON OTTAVIO, DONN' ANNA, DONN' ELVIRE, ZERLINE
et MASETTO.

Leporello! Surprise extrême!
Chacun de nous reste interdit.
Oui, c'est lui-même,
Sous cet habit.

DON OTTAVIO, DONN' ANNA, DONN' ELVIRE, ZERLINE,
MASETTO et LEPORELLO.

Mille diverses pensées
Dans mon âme sont pressées.

LEPORELLO

Ah! quel trouble dans ma tête!
Si j'échappe à la tempête,
C'est prodige assurément.

DON OTTAVIO, DONN' ANNA, DONN' ELVIRE, ZERLINE
et MASETTO.

O journée
Infortunée!
Ah! que faire? quel tourment!
Quel étrange événement!

Fin du sextuor.

DON OTTAVIO à Leporello.

Misérable! comment se fait-il que tu aies les habits de ton maître?

LEPORELLO.

Mais c'est lui-même qui m'avait ordonné de les prendre. Je devais, par ce moyen, éloigner donn' Elvire, pour qu'il arrivât lui-même auprès de la camériste de cette noble dame.

(Mouvement d'indignation.)

DONN' ELVIRE, accablée.

Ah!

DON OTTAVIO.

C'est une lâcheté de plus dont il lui faudra rendre compte.

DONN' ANNA, soutenant donn' Elvire.

Venez, donn' Elvire! Unissons nos vengeances!

(Elles sortent suivies de Zerline et des femmes; don Ottavio et les seigneurs les accompagnent.)

LEPORELLO, se préparant à les suivre.

Oui!.... unissons nos vengeances!

MASETTO, mettant la main sur l'épaule de Leporello, vivement.

Pardon! (Leporello s'arrête étonné. — Doucement.) Pardon!

(Il l'emmène sur le devant de la scène.)

SCÈNE IX

LEPORELLO, MASETTO, PAYSANS

MASETTO, qui n'a pas lâché Leporello.

A nous deux, gredin! Puisque tu as pris les habits de ton maître, tu vas payer pour lui et pour toi.

LEPORELLO.

Payer! ce n'est pas dans nos habitudes.

MASETTO.

Tu fais de l'esprit.

LEPORELLO.

J'y tâche.

MASETTO, se saisissant d'un bâton.

Ah! monsieur se permet de se faire passer pour le mari d'une noble dame! Nous allons secouer ta casaque et brosser ton manteau.

LEPORELLO.

C'est le manteau de mon maître... Vous allez me faire avoir du désagrément.

TOUS.

Aux bâtons! aux bâtons!

(Tous les paysans lèvent leurs bâtons.)

MASETTO.

A moi le premier coup!

LEPORELLO.

Mon petit Masetto.

MASETTO.

Pas de grâce!

LEPORELLO.

Mes bons amis, vous avez cent fois raison... (Les bâtons se posent à terre) et je mérite d'être roué de coups... (Les bâtons se relèvent.) Mettez-vous à ma place...

(Les bâtons se détournent.)

MASETTO, le regardant de travers.

A ta place!... mauvais plaisant!

(Les bâtons se relèvent.)

5.

LEPORELLO.

Grâce ! grâce !

UN PAYSAN.

Il va nous échapper.

MASETTO.

J'ai l'œil sur lui.

LEPORELLO.

C'est mon maître qui a tout fait (S'adressant à Masetto.)
Demande plutôt à Zerline.

MASETTO, offusqué.

Zerline !... Impudent !

(Nouvelle menace des bâtons.)

LEPORELLO, les écartant.

Suivez-moi bien... On me prend pour lui. Je cherche
à fuir. Aucune issue. Enfin j'aperçois une porte... Je me
glisse... je l'ouvre... et... je passe.

(Leporello, surveillé par les paysans, feint de s'élancer du côté
opposé à la petite porte ; puis, rétrogradant soudain, il passe la
jambe à Masetto, le fait tomber et s'esquive. Tous les bâtons,
au lieu de frapper Leporello, tombent sur Masetto.)

MASETTO, criant.

Aïe ! aïe ! Mais c'est moi, que diable !

UN PAYSAN à Masetto.

Ote-toi donc de là, tu nous empêches de le poursuivre.

(Ils sortent en courant par la petite porte.)

MASETTO, se relevant et se frottant.

Décidément, je n'ai pas de chance.

(Il sort en boitant.)

Troisième tableau

SCÈNE X

Une galerie chez don Ottavio. — Don Ottavio, tête nue et sans manteau, reconduit deux amis. — Un valet, portant un flambeau, les accompagne.

DON OTTAVIO.

Vous connaissez maintenant la grandeur de l'outrage. C'est vous qui, pendant le bal, avez arrêté mon bras prêt à frapper. C'est à vous de me faire faire raison par don Juan. Allez donc le trouver. Quelles que soient les conditions du combat, je les accepte. (Il serre la main à ses deux amis, qui sortent éclairés par le valet.) Anna! chère Anna!

Air.

Doux trésor, plein de charmes,
Quand donc cessera-t-elle, hélas! de tant souffrir?
J'ai vu couler ses larmes,
J'espère les tarir.
Du traître qui l'offense
Je jure le trépas.
Près d'elle, sans vengeance,
Je ne reviendrai pas.

Quatrième tableau.

L'enclos du Commandeur. — Clair de lune. — Tombes et cyprès.
— Au fond, un monument funéraire, surmonté de la statue
du Commandeur.

DON JUAN, sautant par-dessus le petit mur d'enceinte et arrivant
en scène en riant.

Ah! ah! ah! l'amusant quiproquo! Laissons-la chercher. Ce n'est pas ici qu'elle me poursuivra... La belle
nuit! Elle semble faite pour la chasse aux jeunes filles...
Mais où peut être ce Leporello? Le fripon! Je serais
curieux de savoir ce qu'il a fait de ma vertueuse épouse...
et de mes habits... A moins que les coups de bâton qu'il
a dû recevoir... (Leporello roule en scène par les marches d'un
escalier qui est au fond.) Eh! mais... le voici, je crois...
(Appelant.) Leporello!

LEPORELLO, se relevant effrayé.

Qui m'appelle?

DON JUAN.

Ton maître. Ne le reconnais-tu pas?

LEPORELLO, d'un ton bourru.

Je ne l'ai que trop connu.

DON JUAN.

Comment! drôle. (Vivement.) Eh bien, qu'y a-t-il?

LEPORELLO.

Il y a que j'ai presque été assommé pour votre
compte.

DON JUAN.

De quoi te plains-tu? (Lui jetant son chapeau et son manteau.) Tiens, reprends cela.

LEPORELLO.

Il est bien temps. (Il lui rend son chapeau, son manteau et son épée.) J'ai été si près de recevoir des coups de bâton que j'en ai le corps tout meurtri.

DON JUAN.

Bah! bah! ce sont les agréments **de la guerre.** Et qu'as-tu fait de donn' Elvire?

LEPORELLO.

C'est à elle qu'il faudrait demander ce qu'elle a fait de moi. Scélérat de Masetto! Brr! j'en aurai une courbature.

DON JUAN.

Laissons cela. J'ai beaucoup de choses à te dire.

LEPORELLO.

Il s'agit encore d'une femme, je le parierais.

DON JUAN.

Et tu gagnerais... Une enfant délicieuse que j'ai rencontrée dans la rue. Quinze ans à peine; deux yeux, deux diamants; une bouche, une cerise; une taille à la main, et des pieds comme cela. (Montrant la longueur de son doigt.) Pendard! tu ne m'en avais rien dit.

LEPORELLO.

Comment!

DON JUAN.

Je m'approche d'elle... Je lui touche le bras... elle veut fuir... Je lui dis quelques mots... elle s'arrête et me prend pour qui?... Devine?

LEPORELLO.

Quand vous me l'aurez dit.

DON JUAN.

Pour Leporello, grâce à tes habits!

LEPORELLO.

Aïe! aïe! aïe! c'est Paquita.

DON JUAN.

Elle se jette à mon cou : Mon petit Leporello par ci! mon cher Leporello par là!

LEPORELLO.

La peste soit de l'impudente!

DON JUAN.

Je veux profiter de la circonstance; mais je ne sais comment elle me reconnaît et se met à crier.

LEPORELLO.

C'est bien heureux.

DON JUAN.

On accourt, je m'esquive, j'escalade ce petit mur et me voici.

(Il se met à rire.)

LEPORELLO.

Vous me racontez tout cela comme si c'était la chose la plus naturelle du monde. (Don Juan continue de rire et s'assied sur une tombe.) Et si ç'eût été ma femme!

DON JUAN, se renversant sur la tombe et riant tout à fait aux éclats.

Ah! ah! ah! c'eût été encore bien plus drôle.

LA STATUE DU COMMANDEUR.

Tu cesseras de rire avant l'aurore.

DON JUAN.

Qu'est-ce encore?

LEPORELLO, effrayé.

Ah ! mon maître,
C'est peut-être
L'âme d'un trépassé qui vous connaît trop bien.

DON JUAN.

Imbécile !

Élevant la voix.

Holà ! qui va là ?

Se recouchant.

Ce n'est rien.

LA STATUE.

Le ciel sait ton crime.
Laisse en paix ta victime.

LEPORELLO, baissant la voix.

Vous entendez ?

DON JUAN.

C'est quelque passant qui se moque de nous... Mais
quel est cet édifice que je vois là ?

LEPORELLO.

Ne le savez-vous pas ?

DON JUAN.

Non, vraiment.

LEPORELLO.

C'est le tombeau que le Commandeur faisait faire
lorsque vous le tuâtes.

DON JUAN.

Ah ! tu as raison. (Se levant.) J'ai envie de l'aller voir.

LEPORELLO.

Monsieur ! n'allez point là.

DON JUAN.

Pourquoi?

LEPORELLO.

Cela n'est pas civil d'aller voir un homme que vous avez tué.

DON JUAN.

Au contraire, c'est une visite dont je lui veux faire civilité et qu'il doit recevoir de bonne grâce, s'il est galant homme. (Leporello se met devant lui.) Allons! (Leporello s'écarte.) Ah! ah! voici sa statue! Parbleu! le voilà bon avec son habit d'empereur romain. Lis un peu cette inscription. Leporello! lis.

LEPORELLO.

Excusez-moi, monsieur, je ne sais pas lire au clair de la lune.

DON JUAN.

Lis, te dis-je.

LEPORELLO, suppliant.

Monsieur!

DON JUAN.

Lis.

LEPORELLO, lisant.

« J'attends ici le châtiment de mon meurtrier. » (Revenant vers don Juan.) Entendez-vous... Je tremble...

DON JUAN.

Ah! ah! Le Commandeur aime à rire!... Dis-lui que je l'attends ce soir à souper.

LEPORELLO.

O ciel! quelle folie! Voyez quels terribles regards il nous lance! On dirait qu'il est en vie, qu'il nous écoute et qu'il va parler.

DON JUAN.

Vas-y drôle... ou je te tue.

LEPORELLO.

Doucement, doucement, monsieur... j'obéis.

Duetto.

LEPORELLO, s'approchant du monument.

O gentille statue
Du brave Commandeur !

S'interrompant.

Monsieur ! l'effroi me tue
Et je sens se glacer mon cœur.

DON JUAN, tire son épée.

Termine...
Ou bien, dans la poitrine,
Je te mets cet acier
Qu'ici tu vois briller.

LEPORELLO.

Quel étrange caprice !

DON JUAN.

Quel plaisir ! quel délice !

LEPORELLO.

Je tremble de frayeur.

DON JUAN.

Il va mourir de peur.

LEPORELLO, se rapprochant du monument.

O gentille statue
Et de beau marbre blanc !

Reculant.

Ah ! monsieur ! ah ! monsieur ! quel regard menaçant !
Quel œil étincelant !

DON JUAN.

Meurs donc, traître!

LEPORELLO.

Non, non, non, attendez, mon cher maître!

A la statue.

Monsieur! sa seigneurie...
Remarquez bien, — pas moi, —
A souper vous convie...
Ah! ah! ah! je meurs d'effroi.
O ciel! il a baissé la tête.

DON JUAN.

Allons donc! pauvre bête!
Allons, mauvais plaisant...

LEPORELLO.

Voyez, voyez, regardez à présent.

DON JUAN.

Eh quoi! donc, à présent?

LEPORELLO, imitant la pose et le geste de la statue.

De sa tête de marbre, il fait... il fait ainsi.

DON JUAN, riant, et LEPORELLO épouvanté.

De sa tête de marbre, il fait... il fait ainsi.

DON JUAN, s'avançant vers la statue après avoir remis son épée
au fourreau.

Réponds-moi, si tu peux, viendras-tu souper?

LA STATUE.

Oui.

LEPORELLO.

Dieu! quelle horrible scène!
Sans voix et sans haleine...
Ah! je respire à peine...
Par charité! partons.

DON JUAN.

Oui, la scène est bizarre.
Le bon vieillard viendra ce soir.
Allons! qu'on se prépare
A le bien recevoir!

LEPORELLO.

Fuyons le spectre que voici!
Allons! partons d'ici.

DON JUAN.

Pourquoi trembler ainsi?
C'est bien, partons d'ici.

(Ils sortent.)

Cinquième tableau.

L'oratoire de donn' Anna. Au fond, sur un pan coupé,
le portrait en pied du Commandeur.

SCÈNE XI

DONN' ANNA, puis DON OTTAVIO.

Donn' Anna est agenouillée sur un prie-Dieu,
sa tête dans ses mains.

Entre don Ottavio

DON OTTAVIO, à part.

Enfin! Mes amis ont pu rejoindre don Juan! Demain,
au lever du jour, j'aurai purgé la terre d'un monstre,
ou (Jetant un regard sur donn' Anna.) la pauvre Anna aura
perdu son dernier appui.

DONN' ANNA, *se retournant.*

Don Ottavio !

(Elle se lève.)

DON OTTAVIO.

Pardonnez-moi si j'interromps votre prière; mais, à la veille d'un événement qui peut être décisif dans mon existence, j'ai dû vous rappeler votre promesse et vous supplier, — non pour moi, Donn' Anna, mais pour vous, — de me donner votre main, cette nuit même.

DONN' ANNA.

Don Ottavio ! jetez les yeux sur ces vêtements de deuil et entendez leur muet et triste langage.

DON OTTAVIO.

Ah! je crains de comprendre... ces refus... ces délais... donn' Anna, veus ne m'aimez plus.

DONN' ANNA.

Ottavio !

DON OTTAVIO.

Hélas! vous ne m'avez peut-être jamais aimé Cruelle !

(Il se laisse tomber accablé sur un siége.)

DONN' ANNA, *venant appuyer sa main sur le dossier du siége d'Ottavio.*

Air.

Cruelle! oh ! non ! je t'aime.
J'ai, malgré moi, trop longtemps différé
Ce bien suprême,
Cet hymen désiré.
Mais le monde, le monde!... affermis la constance
De ce cœur déchiré.

Je partage, ami, ta souffrance.

Don Ottavio se lève.

Ne me dis pas que je t'oublie,
Que je suis cruelle envers toi.
T'ai je pas donné ma vie?
T'ai-je pas donné ma foi?
Calme, calme ce délire
Si tu ne veux qu ici j'expire...
Mais Dieu m'entend! il est là... je respire.
Il me console et prend pitié de moi.

DON OTTAVIO, que gagne l'espérance de donn' Anna.

Ah! vous avez raison! Douter de l'avenir, ce serait
douter de la justice de Dieu. Notre cause est la sienne.
Il combattra avec moi. Chère Anna! je vous laisse mon
âme.

(Il la reconduit à la porte de l'oratoire et sort lui-même vivement
après avoir jeté un regard sur le portrait du Commandeur.)

Sixième tableau.

(Une salle du château de don Juan. Table magnifiquement servie.
Orchestre sur le théâtre.)

SCÈNE XII

DON JUAN, LEPORELLO, DOMESTIQUES, PAGES, MUSICIENS.

Finale.

DON JUAN.

Bien, la table est toute prête,

Aux musiciens.

Mes amis, ouvrez la fête.
L'or qu'à pleines mains je jette

Doit ici me divertir.
Leporello, peut-on servir?

LEPORELLO.

J'attendais votre plaisir.

(Sur un signe de lui, on sert.)

DON JUAN.

Oui, je veux me divertir.

(Il se met à table.)

LEPORELLO, se tournant vers les musiciens qui jouent
un motif de la *Cosa rara*.

Bravo! symphonistes.

DON JUAN.

Que dis-tu de ces artistes?

LEPORELLO.

Leur talent
Vaut vraiment
Votre mérite.

DON JUAN.

De ces mets l'odeur m'invite.

LEPORELLO, à part.

Ah! son appétit m'irrite.
Un géant mange moins vite...
Que ne puis-je l'imiter!

DON JUAN, à part.

De ces mets l'odeur l'excite.
Comme il grille d'y goûter!
Il voudrait bien en tâter.

Haut, à un page en étendant la main.

Passe.

(Le page lui passe un plat.)

LEPORELLO, à part.

Vorace !

Écoutant l'orchestre qui est sur le théâtre

Voici
L'air des *Litiganti*.

DON JUAN, élevant son verre que l'on vient de remplir.

A plein verre !

Il boit.

Vin suave, je te révère.

LEPORELLO, saisissant au passage un morceau et croyant
avoir échappé à l'attention de don Juan, à part.

Ce bon morceau de poularde,
Je vais vite l'engloutir.

DON JUAN, à part

Il dévore, je regarde
Et je cherche à le punir.

(L'orchestre joue une phrase des Noces.)

LEPORELLO, écoutant.

Cet air-là, je dois trop le connaître.

(Il se remet à manger.

DON JUAN.

Leporello !

LEPORELLO, la bouche pleine.

Mon cher maître !

DON JUAN.

Allons, traître !
Parle à haute voix.

LEPORELLO.

Je ne puis. Sur ma figure,
Monsieur, voyez cette enflure
Qui m'afflige quelquefois.

DON JUAN.

Alors, siffle.

A part.

Il m'amuse.

LEPORELLO.

Je ne puis.

DON JUAN.

Comment?

LEPORELLO, dont la bouche ne peut se désemplir assez vite.

Hélas ! Je m'accuse.
Monseigneur est clément,
Qu'il pardonne !
Sa cuisine est si bonne !
J'ai voulu m'assurer en personne
Que ces mets
Étaient parfaits.

DON JUAN.

Ainsi donc, ma cuisine est très-bonne.

LEPORELLO.

Oui, très-bonne.

DON JUAN.

Et ces mets
Sont parfaits.

LEPORELLO.

Oui, ces mets
Sont parfaits.

(Entre donn' Elvire.

SCÈNE XIII

<small>LES MÊMES</small>, DONN' ELVIRE

DONN' ELVIRE, s'approchant de la table.

C'est par tendresse
Et par faiblesse
Que je t'adresse
Ces derniers mots.
Mon cœur oublie
Ta perfidie.
Je tremble pour ta vie.

DON JUAN et LEPORELLO, se moquant.

Propos ! propos !

(Don Juan se lève et s'approche d'Elvire.)

DONN' ELVIRE.

Et de ton âme,
Je ne réclame
Aucune flamme,
Aucun retour.

DON JUAN, raillant.

Voyons, Elvire,
Que veux-tu dire ?
Et qui t'inspire
Ce bel amour ?

DONN' ELVIRE.

Peux-tu bien rire
De mon martyre ?

DON JUAN, riant.

Qui ? moi ! rire !

6

LEPORELLO, à part

Il ose rire
De son martyre.

DONN' ELVIRE.

Ah ! peux-tu rire ?

DON JUAN, riant.

Non, donn' Elvire.

LEPORELLO, à part, en s'essuyant les yeux.

Moi, je soupire
En voyant son martyre.

DON JUAN, à donn' Elvire galamment.

Que veut mon amie ?

DONN' ELVIRE.

Te voir changer ta vie.

DON JUAN, riant.

Bravo !

DONN' ELVIRE.

Le malheureux !
Il brave les cieux !

DON JUAN, s'animant.

Je suis à table.
Ange adorable,
Viens près de moi, viens t'asseoir un instant

(Il cherche à l'entraîner.)

DONN' ELVIRE, le repoussant.

Ame maudite !
L'enfer t'invite.
Et ta conduite
Mène à Satan.

LEPORELLO, à part.

Ah! s'il hésite,
C'est qu'il médite
De prendre gîte
Chez Satan.

DON JUAN, après avoir vidé une nouvelle coupe.

Aimer et boire !
Femmes, bon vin !
C'est là la gloire
Du genre humain

(Il veut de nouveau entraîner donn' Elvire.)

DONN' ELVIRE, se débattant.

L'enfer t'invite,
Le ciel s'irrite.
Il frappe enfin.

LEPORELLO, à part.

Ah ! s'il hésite,
Le ciel s'irrite,
Il frappe enfin !

DON JUAN.

Femmes, bon vin !
Voilà le soutien et la gloire
Du genre humain.

(Donn' Elvire s'arrache de ses mains et sort.)

SCÈNE XIV

LES MÊMES, moins ELVIRE, puis LA STATUE
DU COMMANDEUR.

(Donn' Elvire jette un cri au dehors.)

DON JUAN.

Quel cri!... que signifie?...

LEPORELLO.

Ce cri
Me pétrifie.

DON JUAN.

Va donc voir qui crie ainsi.

Leporello sort et pousse un grand cri.

Quel cri, quel cri terrible!
Non, non, c'est impossible...

Appelant.

Leporello, réponds-moi!
Est-ce toi?

(Rentre Leporello tout pâle, les yeux hagards.)

LEPORELLO.

Ah! monsieur, par charité,
N'allez pas de ce côté.
L'homme de pierre... l'homme blanc...
Ah! l'effroi glace mon sang!
Si vous voyiez sa figure,
Sa pâleur et sa tournure...

Imitant la démarche et le bruit des pas de la statue.

Ta, ta, ta, ta.

DON JUAN.

Quel sot conte fais-tu là?

(On frappe à la porte.)

LEPORELLO.

Vous entendez.

DON JUAN.

On frappe. Ouvre.

LEPORELLO.

Hélas!

DON JUAN.

Ouvre, dis-je.

On frappe de nouveau

Ouvre.

LEPORÉLLO.

Ah!

DON JUAN.

Poltron! je ris de ce prestige
Et vais moi-même ouvrir.

(Il prend un flambeau et ouvre la porte.

LEPORELLO.

Pour ne plus voir ce prodige,
Où me mettre? où me tenir?

(Don Juan recule épouvanté devant la statue du Commandeur qui
entre. Toutes les clartés s'éteignent. Une lueur rougeâtre se
répand sur tous les objets.

LA STATUE, s'arrêtant près de la table.

Don Juan, c'est moi. Dans ta demeure
Tu m'invites, je viens... c'est l'heure.

6.

DON JUAN, qui a repris possession de lui-même.

Je n'attendais pas, ou je meure!
Un tel hôte; mais pourtant,
Leporello! vite un verre,
Et que l'on serve à l'instant!

LEPORELLO.

Ah! monsieur, ah! sa présence m'attère.

DON JUAN, impérieux.

Va, te dis-je!

(Leporello va se fourrer sous la table.)

LA STATUE.

Reste un moment.
C'est encore une injure nouvelle
Que m'offrir la substance mortelle;
C'est un autre devoir qui m'appelle;
Vers toi me guide un soin plus grand.

LEPORELLO, soulevant la nappe et laissant voir son visage blêmi

Ah! j'éprouve une angoisse mortelle.
Je veux fuir, et je ne sais comment.
On dirait qu'une fièvre cruelle
A saisi tout mon corps frissonnant.

LA STATUE, à don Juan.

Écoute-moi, je n'ai que peu d'instants.

DON JUAN.

Eh bien, parle, oui, parle... j'attends.

LA STATUE.

Moi-même je t'engage,
Et tu connais l'usage :
Peux-tu, demain et sans effroi,
Venir souper avec moi?

LEPORELLO.

Il le voudrait, mais le temps lui fait faute.

DON JUAN.

Ne croyez pas, mon hôte,
Trouver un lâche en moi.

LA STATUE.

Résous-toi.

DON JUAN.

La chose est faite.

LA STATUE.

Tu viendras?

LEPORELLO.

Non, non, non.

DON JUAN.

Allons! rien ne m'arrête.
Je te suivrai,
J'irai.

LA STATUE.

Ta main, que je la serre.

DON JUAN lui saisissant la main.

Prends-la donc... Ciel!

LA STATUE.

Eh bien?

DON JUAN.

Je sens un froid mortel.

LA STATUE.

Repens-toi. Fais ta prière.

DON JUAN.

Non, non, vaine chimère!

Cherchant à dégager sa main

Fuis, ah! va-t'en d'ici.

LA STATUE.

Maudit! fais ta prière.

DON JUAN.

Non, non, spectre de pierre.

LA STATUE.

Repens-toi, repens-toi.

DON JUAN.

Non.

LA STATUE.

Si.

DON JUAN.

Non.

LA STATUE.

Si.

DON JUAN.

Non.

LA STATUE.

Si.

DON JUAN.

Non, non.

(Il tire sa dague et en frappe la main de la statue. La dague se
brise.

LA STATUE.

Pour toi plus de merci!

(La foudre éclate. Don Juan tombe comme terrassé. Leporello s'enfuit. — Changement à vue. — On se retrouve dans l'enclos du Commandeur. La statue est de nouveau sur la tombe qui lui sert de piédestal. L'inscription brille en traits de flamme. Des lueurs sinistres entourent don Juan et lui ferment toute issue.)

Septième tableau.

L'enclos du Commandeur.

DON JUAN, se redressant avec peine et promenant autour de lui des regards d'épouvante.

Quelle terreur subite
En ce moment m'agite!
La flamme à ma poursuite
Paraît courir ici.

CHŒUR EXTÉRIEUR.

C'est peu de cette flamme
Pour tes forfaits nombreux.

DON JUAN, entraîné malgré lui vers le tombeau.

Qui me torture l'âme?
Mon sein brûle et s'enflamme!
Malheureux! malheureux!
Ah! quel supplice affreux!

CHŒUR EXTÉRIEUR.

Il a perdu son âme;
Il meurt comme un infâme.
C'est en vain qu'il réclame
La clémence des cieux.

DON JUAN, accablé.

Oui, moi, j'implore...
Malheureux !

CHŒUR EXTÉRIEUR

Viens souffrir plus encore.

Don Juan fait un dernier geste de défi à la statue. — La foudre
éclate.)

DON JUAN.

Ah !
(Il disparaît dans un abîme de feu, au pied du tombeau.)

Huitième et dernier tableau.

Parc du château de don Juan. C'est le matin.

SCÈNE XV

DON OTTAVIO, MASETTO, DONN' ANNA, DONN' ELVIRE,
ZERLINE, une foule, puis LEPORELLO.

DON OTTAVIO, MASETTO, DONN' ELVIRE, ZERLINE et
LE CHŒUR.

Ah ! qu'il soit exterminé !
Le misérable,
Le grand coupable !
Et devant Dieu qu'il soit damné !

DONN' ANNA.

Meure le traître !
Oui, quand il périra,
Mon cœur peut-être
Se calmera.

LEPORELLO, accourant tout effaré.

Vaine colère!
Plus rien à faire.
Il est sous terre.
Bien fin qui le retrouvera!

DON OTTAVIO, MASETTO, DONN' ANNA, DONN ELVIRE,
ZERLINE.

Quelle folie!
Que signifie?...
Parle vite, hâte-toi;
D'où te vient cet effroi?

LEPORELLO.

Ah! ce colosse au front terrible,
Vous le décrire est impossible,
C'est impossible, c'est impossible, c'est impossible.

DON OTTAVIO, MASETTO, DONN' ANNA, DONN' ELVIRE,
ZERLINE.

Parle, achève, hâte-toi.

LEPORELLO.

Quittant sa tombe mal fermée,
L'homme de pierre est apparu...
Parmi la flamme et la fumée,
Mon maître, hélas! a disparu...

DON OTTAVIO, MASETTO, DONN' ANNA, DONN' ELVIRE,
ZERLINE.

O ciel! qu'entends-je!

LEPORELLO.

Mystère étrange!

TOUS.

Tout est fini.
Moment suprême!
C'est Dieu lui-même
Qui l'a puni.

Fugue.

Du méchant tel est le sort!
Toujours la mort
De l'impie
Ressemble à sa vie.

(Le rideau baisse.)

FIN DU DEUXIÈME ET DERNIER ACTE

Paris. — Imp. POUPART-DAVYL et Comp., rue du Bac, 30.

LIBRAIRIE INTERNATIONALE

15, BOULEVARD MONTMARTRE, 15

Charles Hugo. — Les Misérables, drame en deux parties et douze tableaux, avec prologue et épilogue. Édition de luxe. 1 vol. in-8. 4 »

Le même ouvrage. 1 vol. in-18, 3e édition. . . . . 2 »

Louis Ulbach et Crisafulli — Monsieur et madame Fernel, comédie en quatre actes. 1 vol. in-18. . . . . 2 »

Paul Meurice. — Les Deux Diane, drame en cinq actes. 1 vol. in-18. . . . . 2 »

Eugène Scribe. — L'Africaine, opéra en cinq actes. 1 vol. in-18. 2 »

A. Belot et Crisafulli. — Le Passé de M. Jouanne, comédie en quatre actes. 1 vol. in-8. . . . . 2 »

Edmond et Jules de Goncourt. — Henriette Maréchal, drame en trois actes. 1 vol. in-8. . . . . 1 »

Le même ouvrage. 1 vol. in-18, 3e édition. . . . . 2 »

A. Favre et A. Villiers. — La Porte Saint-Denis, drame en cinq actes. In-4 à deux colonnes. . . . . » 60

Philippe de Massa et Petitpa. — Le Roi d'Yvetot, ballet-pantomime en un acte. 1 vol. in-18. . . . . 1 »

Auguste Maquet. — Le Hussard de Bercheny, drame en cinq actes. 1 vol. in-18. . . . . 2 »

Émile Villars. — Les Précieuses du jour, comédie en un acte. 1 vol. in-18, 2e édition. . . . . 1 »

E. Furpille et J. Prevel. — Le Bifteck d'or, vaudeville en un acte. 1 vol. in-18. . . . . 1 »

— A qui le Casque, vaudeville en un acte. 1 vol. in-18. . . . . 1 »

W. Busnach et Flan. — Bu... qui s'avance, revue en trois actes et sept tableaux. In-4. . . . . » 50

— La Gazette des Parisiens, journal-revue en un acte. . . . . » 75

Clairville, A. Monnier et E. Blum. — La Lanterne magique, revue de l'année en quatre actes et vingt tableaux. In-4. . . . » 50

W. Busnach. — Robinson Crusoé, bouffonnerie musicale en un acte. 1 vol. in-18. . . . . 1 »

Timothée Trimm et Emmanuel. — La Chasse au Camaïeu, vaudeville-poursuite en trois stations. 1 vol. in-18. . . . . 1 50

Da Ponte. — Don Juan, opéra en 2 actes et 13 tableaux. 1 vol. in-18. . . . . 1 50

E. Furpille et Gille. — Tabarin duelliste, opérette en un acte. 1 vol. in-18. . . . . 1 »

PARIS, IMPRIMERIE POUPART-DAVYL ET COMP., RUE DU BAC, 30.